*„Wenn Sie nicht täglich
an Ihren Zielen
wenigstens in kleinsten Einheiten arbeiten,
ist das Verrat an sich selbst!"*

Gewidmet meinen Enkeln

Marina, Rebecca, Hakon, Ronja und Raul

Ich danke allen, die mich in Wort und Schrift, Tun oder Unterlassen inspiriert und mir geholfen haben, das Buch zu vollenden. Allen voran meiner Familie. Ohne diese Inspirationen wäre das Buch nicht entstanden. Vielen Dank.

Franz König

„Mein Opa hat 'nen Knall!"

Ein besseres Leben in kleinen Schritten
Impulse/Anregungen/Inspirationen

ratio books

Hinweis: Zur besseren Lesbarkeit des Textes verzichtet der Autor auf Schreibweisen wie „Leserinnen und Leser“ oder „Leser*innen“. Das mag heutzutage politisch inkorrekt sein, sollte Sie aber nicht weiter stören.

Franz König
„Mein Opa hat 'nen Knall!“
Ein besseres Leben in kleinen Schritten
Impulse/Anregungen/Inspirationen

Coverfoto von Wikimedia (pixella15570-24326734425)
unter Verwendung der Creative-Common-Lizenz CC-0

Impressum
ratio-books • 53797 Lohmar • Danziger Str. 30
info@ratio-books.de (bevorzugt)
Tel.: (0 22 46) 94 92 61
Fax: (0 22 46) 94 92 24
www.ratiobooks.de

ISBN 978-3-96136-081-9
E-Book 978-3-96136-082-6
Zitate als Tischaufflieger: ISBN 978-3-96136-083-3

published by

ratio books

Inhalt

Vorwort

„Mein Opa hat ‘nen Knall!“ Diesen Satz hörte ich aus dem Mund meiner damals neunjährigen Enkelin Marina. Es war in einem Supermarkt an der Kasse. Sie erzählte den Wartenden, warum ich einen „Knall“ habe, also „verrückt“ sei. Ihr war nicht verborgen geblieben, dass ich seit einiger Zeit neue Gewohnheiten angenommen hatte, Gewohnheiten, die sie damals nicht so richtig einordnen konnte.

Ich hatte einige Zeit nachgedacht. Ich war unzufrieden. Ein Gefühl, dass ich aus der Routine ausbrechen und mal etwas ganz anderes anfangen möchte, machte sich in mir breit. Ich fühlte mich allzu oft von außen gesteuert und zu sehr an die Erwartungen anderer angepasst. Daran wollte ich etwas ändern.

„Du kannst
ein Problem
nicht
von derselben Ebene
aus lösen,
die das Problem
erschaffen hat.“
(Albert Einstein)

So nahm ich mir vor, unterschiedliche Lebensbereiche anzuschauen und aus der gewonnenen Erkenntnis wollte ich kleine Justierungen vorzunehmen. Es sollten kleine Änderungen in meinem Tagesablauf sein. Neue Routinen galt es zu etablieren, die dann durch Ritualisierung neue Gewohnheiten wurden. Und diese führten dazu, dass ich mich verändert habe. Weil ich z.B. immer zu viele Mails in meinem Posteingang aufbewahrte, löschte ich als erste kleine Gewohnheit fortan täglich 50 Mails.

Achtete ich früher noch stark darauf, was andere Menschen aus meinem näheren und weiteren Umfeld über mich denken könnten, so interessiert mich das jetzt nicht mehr. Nun lebe ich mein Leben und nicht das Leben der Anderen. Ich nehme mir die Freiheit, zu tun und zu lassen, was ich für richtig halte.

Wo gibt's denn so was, Opa und neue Gewohnheiten? Das war für meine Enkelin unfassbar. Also wollte sie dann auch unbedingt beim ersten Lauftraining ihres Opas, das eine neue Gewohnheit werden sollte, dabei sein und sich persönlich davon überzeugen, was da abgeht.

In diesem Buch lasse ich Sie an meinen Gewohnheiten teilhaben und biete Ihnen die Möglichkeit, sich inspirieren zu lassen. Sie erfahren, wie auch Sie konkret Veränderungen angehen können. Mit minimalem Einsatz.

Diese bescheidenen kleinen Abweichungen zu Ihrem normalen Leben werden Ihnen leichtfallen. Wenn Sie die Anregungen für die kleinen Schritte tagtäglich umsetzen, werden Sie ebenfalls neue Gewohnheiten entwickeln. Sie werden auch Ihr Leben verändern und Veränderungen in Ihrem Verhalten bemerken, die Sie bisher nicht für möglich gehalten haben. Und Sie werden damit ebenso wie ich positive Erfahrungen machen. Davon bin ich überzeugt.

Sie werden entscheiden, welche Schritte Sie ansprechen und welche nicht. Sie werden ein Problem erkennen, vielleicht ist es Ihr Problem. Dann werden Sie eine Entscheidung treffen und sich auf den Weg machen.

Unterwegs stoßen Sie auf schwierige Aufgaben, die Sie lösen werden. Immer wieder gilt es neue Aufgaben zu lösen. Auch das werden Sie schaffen. Nach dem Überwinden vieler Hindernisse erreichen Sie schließlich das Ziel. Und das ist Ihr eigenes, selbstgestecktes Ziel.

„Auch der weiteste Weg
beginnt mit einem ersten Schritt."
(Konfuzius)

Den Ausspruch „Mein Opa hat 'nen Knall!", finde ich so gut, dass er nun der Titel dieses Buches ist. Dafür vielen Dank, Marina.

Noch ein Hinweis: Die Darstellung in Textform erfordert, dass ich die Themen nacheinander bearbeite. Sie stellen keine Wertung oder eine Ordnung nach Wichtigkeit dar. Jedes angesprochene Thema hängt mit den anderen zusammen. Die Themen greifen ineinander und bedingen sich gegenseitig.

Das Format dieses Büchleins habe ich so gewählt, dass Sie es immer bei sich tragen können, in der Jackentasche oder in der Handtasche.

Gewohnheiten

Wir haben im Laufe unseres Lebens viele Verhaltensmuster angenommen, gute und schlechte. Diese wurden zu Gewohnheiten und übernehmen einen Großteil unserer täglichen Entscheidungen, damit bei Routineaufgaben das Nachdenken entfallen und das Gehirn Energie sparen kann. Es wäre schier unmöglich, wenn wir alles bewusst und rational denken müssten.

Unsere Gewohnheiten sind entstanden aus Erfahrungen, aus tatsächlich Erlebtem und auch aus Gedanken. Sie werden Teil unseres Unterbewusstseins. Die meisten Denk-, Gefühls- und Verhaltensgewohnheiten liegen dort. Nur wenige registrieren wir und können so unser Verhalten danach ausrichten und sie im Bedarfsfall steuern. Daraus entsteht einerseits Stabilität, gleichzeitig aber auch eine Starrheit. Wir mögen viele Gewohnheiten; sie schützen uns auf verschiedene Weise und sie werden ein wichtiger Bestandteil unserer Komfortzone. Deshalb hängen wir in Gedankenmustern fest, was uns auch daran hindert, anders zu denken.

„Die Gewohnheit
ist ein Seil.
Wir weben jeden Tag
einen Faden,
und schließlich
können wir es
nicht mehr zerreißen.“
(Thomas Mann)

Wenn wir etwas für die Zukunft ändern wollen, müssen wir unsere Gewohnheiten kritisch überprüfen und auch bereit sein, diese zu ändern.

Wie können wir dann auf möglichst viele Muster zurückgreifen, wenn wir sie aufgrund unserer neuen Ziele ändern möchten?

Die schlichte Antwort: Sie müssen unser Unterbewusstsein verlassen und Teil unseres Bewusstseins werden. Erst wenn sie uns bewusst sind, können wir sie kritisch überprüfen. Wir müssen also zum kritischen Beobachter unseres eigenen Tuns werden.

Und wie sollte die Prüfung dann erfolgen? Auch hier eine recht einfache Antwort: Wir müssen uns Fragen stellen.

- Trägt die Gewohnheit zu meinem Wohlbefinden bei?
- Gibt sie mir einen Halt, eine Struktur?
- Ist sie Bestandteil eines angenehmen Miteinanders mit den Ihnen wichtigen Menschen?
- Finden Sie einen Sinn hinter dem gewohnten Tun?
- ...

Entstehen dann negative Antworten, so geben uns diese die Richtung vor, wo Änderungen vorrangig vorgenommen werden können.

Vielleicht gilt es, Zwischenmenschliches zu hinterfragen, körperliches Unbehagen zu ergründen oder sinnentleerte Zeiträuber zu entlarven. Ganz gleich, was es sein wird, wir geben uns quasi den Auftrag mit dem neuen Ziel im Visier, alle Art von Änderungen vorzunehmen, ganz gleich wie umfangreich sie sein werden oder wie schwer sie uns fallen könnten.

Sobald eine erste Maßnahme erfolgt ist, wird eine Kettenreaktion vergleichbar mit angestoßenen Dominosteinen in Gang gesetzt. Sehr wahrscheinlich wird nichts mehr so bleiben, wie es einmal war. Daraus entstehen mehr oder weniger große Lücken und die können wir nun füllen. Und hier beginnt unsere Freiheit, neue Gewohnheiten zu etablieren mit Mustern, die Wohlbefinden auslösen.

Möglicherweise werden Sie die eine oder andere Maßnahme, die in eine neue Gewohnheit münden soll, zunächst überprüfen müssen, ob sie wirklich geeignet ist, das neu gesteckte Ziel dadurch erreichen zu können. Haben Sie aber einmal den Entschluss gefasst, das entsprechende Denk-, Gefühls- oder Verhaltensmuster zu ändern, beginnt das Antrainieren durch intensives Wiederholen. Das können nur Sie selbst tun!

Fahrradfahren lernen Sie nicht durch das Anschauen von YouTube-Videos. Wenn Sie schwimmen lernen wollen, müssen Sie selbst ins Wasser.

„Wir sind, was wir immer wieder tun.“

(Aristoteles)

Wenn Sie ein anderes Ergebnis wünschen, müssen Sie ein anderes Vorgehen wählen. Wenn Sie beispielsweise Rot und Gelb mischen, erhalten Sie Orange. Wenn Sie mit dem Ergebnis nicht zufrieden sind, müssen Sie das Mischungsverhältnis ändern, um ein anderes Ergebnis zu erhalten. Das leuchtet ein. Ebenso wird es einleuchten, dass Sie die Handlungen ändern sollten, um andere Ergebnisse zu ermöglichen. Beginnen Sie, das Richtige zu tun.

Haben Sie sich schon einmal gefragt, was Sie Ihre jetzigen Gewohnheiten kosten? Was kostet Sie Ihr Fernsehkonsum, Ihre Zeit auf Facebook, YouTube, Netflix usw.? Was kostet Sie eine ungesunde Ernährung, was das Rauchen?

Die Zeit vor dem Fernseher mit Serienkonsum oder die Zeit auf den Plattformen der sozialen Medien könnten Sie einschränken und sinnvoller nutzen. Ich kenne ein Ehepaar, das sich in seiner arbeitsfreien Zeit überwiegend mit einem Computerspiel beschäftigt. Dafür haben sie sich mehrere Nutzerkonten angelegt. Aus meiner beschränkten Sicht ist die Zeit, die sie mit dem Computerspiel verbringen, fehlinvestiert. Aber zumindest hatten sie neulich die Erkenntnis „irgendetwas falsch zu machen". Noch fehlt aber die Einsicht, dass sie die Zeit sinnvoller verbringen könnten.

Machen Sie sich bewusst: Ihre Gewohnheiten haben Sie dahin gebracht, wo Sie jetzt stehen. Wenn Sie das Resultat nachdenklich macht, könnten Sie die Entscheidung treffen, sich mal andere, förderliche Gewohnheiten zuzulegen.

„Von Natur aus
sind die Menschen
fast gleich;
erst die Gewohnheiten
entfernen sie voneinander."

(Konfuzius)

Prüfen Sie also Ihre Gewohnheiten. Legen Sie sich welche zu, die Sie unterstützen und Ihr Wohlbefinden steigern. Legen Sie ebenso diejenigen ab, die Sie stören oder ungesund sind. Trennen Sie sich von Angewohnheiten, die schädlich für Sie und für Ihre Mitmenschen sind.

Vielleicht möchten Sie zunächst keine radikalen Änderungen. Fangen Sie mit etwas an, was Sie bereits können, etwas, was alles andere danach einfacher macht.

Lösungen, wie Sie Ihre Gewohnheiten dauerhaft ändern können, habe ich in den nachfolgenden Kapiteln dieses Buches erläutert. Sie sind das Ergebnis meiner eigenen Erfahrungen und mögen als Anregungen gelten. Es sind keine Aufforderungen, es genauso zu machen. Jeder wird eigene Erfahrungen sammeln und eigene Erkenntnisse gewinnen. Aber warum nicht ein paar dieser Vorschläge mal ausprobieren?!

Den Abschluss jedes Kapitels bilden fokussierende Fragen. Auch diese stellen keineswegs den Anspruch auf Ausschließlichkeit, sondern sind als eine Art der Zusammenfassung gedacht.

- Über welche Gewohnheiten haben Sie bewusst nachgedacht?
- Wie viel Zeit nehmen bestimmte Gewohnheiten in Anspruch?
- Welche Ihrer Gewohnheiten machen Sinn und welche nicht?
- Welche Gewohnheiten, die Ihnen in Ihrem Bekanntenkreis aufgefallen sind, möchten Sie gerne übernehmen?

Veränderungen

Es ist ein altbekanntes Phänomen, meistens zu Silvester oder zum Geburtstag, sich etwas vorzunehmen. Das, was als Unart, schlechte Gewohnheit oder sogar als mehr oder weniger große Gefahr für die Gesundheit entlarvt worden ist, wollen wir ändern. Wir sind in den meisten Fällen davon überzeugt, dass unser Wille ausreichen wird, die Änderung auch herbeiführen zu können. Und doch müssen sehr viele Menschen nach nur wenigen Tagen erkennen, dass von den guten Absichten nichts mehr übrig geblieben ist.

Da auch ich zu diesen Menschen gehörte, ließ mich die Frage nicht mehr los, warum das so ist. Ist es eine Art Resignation? Sind es die Ablenkungen des Alltags? War die Formulierung der Änderung zu unpräzise? Reicht das umfangreiche Wissen nicht aus, um mit Kompetenz das Durchhalten zu stärken? Was könnte der Auslöser gewesen sein, damit der Veränderungswunsch nicht weiter verfolgt wurde?

Es dauerte einige Zeit, in der ich mir auch zusätzlichen Input holen musste, um die Zusammenhänge zu begreifen. Das Vornehmen allein reicht nicht aus. Klarheit galt es zu schaffen, ***warum*** und ***wozu*** ich diese Änderung vornehmen wollte. Es ist dieser starke Beweggrund, der letztlich den großen Antreiber spielen muss. Und so bin ich auf den Sinn gestoßen, der mich zum Handeln bringen wird. Wenn ich einen starken Beweggrund hatte, kam ich ins Handeln. Er wurde zum Auslöser für meine Motivation, konnte mich dauerhaft animieren, den Weg zur Änderung auch vollständig bis ans Ende zu gehen.

Trotzdem wurde mir nach ein paar fehlgeschlagenen Versuchen bewusst, dass auch die Sinnhaftigkeit alleine nicht ausreicht, um dauerhaft zur Tat zu schreiten. Musste ein gewisser Druck erzeugt werden? Kann es nur der Druck von außen sein? Oder muss nicht vielmehr auch ein Schub von innen kommen, der ein Handeln täglich neu auslöst? Sind es rationale Prozesse oder eher emotionale, die den Zündfunken entstehen lassen?

Sehr wahrscheinlich ist es in den meisten Fällen eine Kombination von beiden. Die rationale Komponente wird sich auf die Konsequenzen konzentrieren, die emotionale auf die Vermeidung von Schmerz und ähnlich gelagerten Gefühlen wie das Erreichen von Freude. Sind beide Komponenten groß genug, kommt es zu einem Handeln. Erst dann entsteht eine Form von Stärke, die uns die Bequemlichkeit überwinden lässt. Ein Aufschieben wird als Risiko empfunden, schürt Ängste und aktiviert so neue Energiequellen. Die Vermeidung von Schmerz zeigt dabei mehr Wirkung wie der Weg zur Freude hin. Denken Sie zum Beispiel an die Abgabe einer Steuererklärung. Die Aussicht auf eine Steuererstattung motiviert nicht so sehr wie die Vorstellung, dass man die Steuererstattung verwirken könnte. Im Prinzip muss der Druck sehr groß werden, zumindest groß genug, damit eine Sache erledigt wird.

Wie können wir nun ohne äußeren Druck zu einem eigenverantwortlichen Handeln kommen, das uns den Weg ebnet, Veränderungen in unserem Leben möglich werden zu lassen?

Hier habe ich die Erfahrung gemacht, dass die Kraft der Bilder die maßgebliche ist. Es sind die Vorstellungen, die Sie mit einer Veränderung verbinden.

Sehr wirkungsvoll ist die Vorstellung von Schmerz, der nicht mehr aushaltbar ist und der Sie zwingt, tätig zu werden. Solange die Schmerzen bzw. die zu erwartenden Nachteile nicht groß genug sind, sorgt die Bequemlichkeit dafür, dass alles so bleibt, wie es ist. Möglichst nicht jetzt etwas verändern, es hat ja noch Zeit. Die Bilder eines Verlustes bringen Sie stärker und nachhaltiger in die Veränderung als die Vorstellung eines Nutzens, auf den Sie deshalb verzichten könnten, weil Sie ihn noch nicht realisiert haben.

Bedenken Sie: Alles im Leben geschieht, um Schmerz zu vermeiden und Freude zu erhalten. Wenn der Leidensdruck groß genug ist und Sie in Ihren Vorstellungen die alten Gewohnheiten mit genügend Schmerz verbinden, werden Sie bereit sein, sie zu ändern. Wenn Sie konsequent an den neuen Gedanken festhalten und von der Notwendigkeit der Umsetzung überzeugt sind, werden Sie nicht mehr zweifeln. Verbinden Sie starke Emotionen mit Ihren neuen Vorstellungen und Sie werden Ihre neuen Überzeugungen festigen.

Nutzen Sie die schönen, positiven Seiten der Vorstellung. Denn damit können auch Sie Ihr Ziel förmlich zeichnen. Sie kreieren es, Sie werden schöpferisch tätig und gestalten den nun in Gang gesetzten Prozess. Dieses Visualisieren füllen Sie mit positiven Elementen, es wird ein buntes, lebendiges Werk, das Schwingungen erzeugt. Verstärken Sie Ihre Bilder im Kopf durch positiv aufgeladene Eindrücke und machen Sie diese deutlich größer und lebendiger als die vielleicht vorhandenen negativen Vorstellungen.

Die neuen Vorstellungen werden Sie auf ungeahnte Weise mobilisieren, um die ins Auge gefassten Veränderungen auch vornehmen zu können. Mit etwas Übung gelingt Ihnen das!

Hinzu kommt aus meiner Sicht eine Beschäftigung mit den sogenannten Glaubenssätzen. Ich nenne diese verinnerlichte, recht kurze und plakative Denkmuster, die uns über viele Jahre aus dem Unterbewusstsein heraus begleiten, in den allermeisten Fällen schon seit unserer frühen Kindheit. Wir haben sie von den uns prägenden Menschen übernommen, haben sie mit zunehmendem Alter mit unseren Wertvorstellungen und Lebenseinstellungen verknüpft. Und so wurden sie als einzelne Elemente fast unsichtbar, drangen aber tief in unser Unterbewusstsein.

Es gilt auch hier, Bewusstsein zu schaffen, um das Unsichtbare sichtbar zu machen. Überzeugungen, wie wir uns und die Welt sehen, basieren auf unseren Glaubenssätzen. Und wollen wir von nun an die Welt mit dem Blick auf unsere neuen Ziele sehen, die wir nur durch Veränderungen realisieren können, so werden wir neben der Visualisierung auch neue Glaubenssätze schaffen müssen. Wir wollen uns Räume erschließen für mehr Freude, mehr Leichtigkeit, mehr Ausgeglichenheit, mehr Zufriedenheit und mehr Sinnhaftigkeit in unserem Leben. Und nur, wenn wir das Alte eliminieren, wird die Größe des Raumes reichen, um das große Neue mit entsprechender Kraft, Energie und Motivation leben zu lassen. So heißt es nun: Schenken Sie sich Zeit, um neue Glaubenssätze zu formulieren. Dabei mögen Sie besondere Aufmerksamkeit darauf lenken, dass die Worte in ihrer Kombination gute Gefühle auslösen. Es reicht nicht, dass sie keine schlechten erzeugen. Das wird weder in Summe noch auf Dauer genügen.

Haben Sie hier dann Ergebnisse geschaffen, auf die Sie mit großer Euphorie schauen können, ist der Moment des Handelns gekommen. Denn nur durch unser ***Tun***, werden wir Veränderungen herbeiführen können. Gedanken und die daraus entstandenen Ideen alleine reichen nicht aus.

Ein kontinuierliches Tun mit einer starken Fokussierung führt unweigerlich zu neuen Gewohnheiten. Denn jede Wiederholung festigt und stärkt das Verhaltensmuster. Es geht uns förmlich in Fleisch und Blut über und wird so zu unserem wichtigsten Instrument, um die Veränderungen zu etablieren.

Die meisten Menschen neigen aber zu „Aufschieberitis" und verschieben vieles auf später. Sie scheuen sich aus unterschiedlichen Gründen, etwas in ihrem Leben zu verändern, trauen sich vielleicht etwas nicht zu oder sind plötzlich der Ansicht, dass es sowieso nichts bringen würde, werden von ihrem Umfeld von der Umsetzung der Idee abgebracht, lassen sich überwiegend von Bedenkenträgern beeinflussen und geben zu viel auf die Meinung anderer. Und so wird verschoben, weggeschoben und aufgeschoben. Morgen. Morgen, nur nicht heute beginnen. Die Zukunft dieser Menschen muss wunderbar werden, bei all dem, was so im Leben aufgeschoben wird. Machen Sie damit Schluss. Treffen Sie eine Entscheidung und seien Sie bereit, Veränderungen einzuleiten.

„Das Geheimnis des Erfolges:
Ausdauer und Entschlossenheit."
(Leo Tolstoi)

Mir wurde rasch bewusst, dass viele Gefahren in den Einflüssen von außen liegen. Besonders Ihr Umfeld, das sich an Sie und Ihre Funktionalität mit Ihren alten Verhaltensmustern gewöhnt hat, wird zahlreiche Versuche unternehmen, um Sie davon abzubringen, sich neu zu positionieren. Vielleicht werden Sie mit Unmöglichkeitsszenarien konfrontiert, möglicherweise wird versucht werden, durch Verbalangriffe Ihr Selbstbewusstsein auf ein Minimum zu reduzieren oder Sie erhalten mehr oder weniger deutlich artikulierte Drohungen, Ihnen die Sozialkontakte zu entziehen, um leidvolle Gefühle des Isoliertseins auszulösen.

Ich will keine fiktiven Ängste erzeugen, lediglich Elemente erwähnen, gegen die Sie gewappnet sein sollen, falls diese auftauchen.

Nur dann können Sie den verschiedenen Bedenkenträgern ausweichen oder begegnen, ohne sich von Ihrem Weg abbringen zu lassen. Die sogenannte „Aufschieberitis" wird bei Ihnen kaum Chancen haben, in Ihre Verhaltensmuster einzudringen.

Aufschieben ist nicht die Lösung. Es ist nachgewiesen, dass die Wahrscheinlichkeit, eine Absicht in die Tat umzusetzen, geringer wird, je länger Sie das Beginnen hinausschieben. Fangen Sie deshalb mit der Umsetzung Ihres Vorhabens innerhalb von 72 Stunden nach einer Entscheidung an und bleiben Sie mit wenig Aufwand dran. Das ist ein Richtwert. Wenn Sie nicht innerhalb dieser Zeit beginnen, werden Sie Ihr Vorhaben vermutlich nicht weiterverfolgen. Sie werden es deshalb aufschieben oder das Begonnene abbrechen, weil es Ihnen schlichtweg nicht wichtig ist. Wenn Sie sich dann etwas anderes „Wichtiges" vornehmen und beginnen wiederum nicht, ist auch der neue Vorsatz nicht wichtig. Wenn Sie öfter so verfahren, werden Sie sich daran gewöhnen, nichts zu beginnen bzw. Begonnenes wieder abzubrechen. Wenn Sie nichts beginnen, bringen Sie auch nichts zu Ende. Ohne Beginn und das nötige Dranbleiben wird sich auch in Ihrem Leben nichts ändern. So einfach ist das.

„Jeder Erfolg
beginnt mit einer Sehnsucht."
(Napoleon Hill)

Immer wenn Sie etwas Neues anfangen, werden Sie sich bewusst damit beschäftigen und Ihr Unterbewusstsein wird sich bemerkbar machen. Für die angestrebten Veränderungen ist es nun der Saboteur, der alle Vorsätze angreift und Sie schließlich überzeugen möchte, es doch nicht zu tun. Er will Sie nur schützen und glaubt nicht, dass Veränderungen für Sie gut sind.

Dieser Besserwisser begleitet Sie schon Ihr ganzes Leben und kennt Sie gut. Deshalb müssen Sie diesen Bedenkenträger überzeugen, nicht ignorieren. Hören Sie ihn an und tun Sie es dann trotzdem. Er kann Sie ja auf Ihrem Weg begleiten. Und wenn der Saboteur merkt, dass es Ihnen ernst ist, akzeptiert er auch Ihren neuen Weg. Diese Überzeugungsarbeit wird Ihnen am besten gelingen, wenn Sie dieses Teufelchen nicht überrumpeln, sondern ihn langsam und in kleinen Schritten an die Veränderungen gewöhnen. Wenn Sie das lange genug betreiben, wird sich auch Ihr Besserwisser wohlfühlen und Sie nicht mehr boykottieren. Im Gegenteil, dieser Begleiter lernt, dass es Ihnen guttut und wird Sie sogar unterstützen.

„Man braucht nicht viel Licht,
um die Dunkelheit zu vertreiben."
(Anthony Robbins)

Ich habe in meinem 64. Lebensjahr den Entschluss gefasst, Veränderungen herbeizuführen, nichts mehr aufzuschieben.

- Was macht Sie mit Ihrem Leben unzufrieden?
- Worüber ärgern Sie sich?
- Was hätten Sie gern geändert?

Mein Weg zu meiner Entscheidung

Im Laufe meines Lebens habe ich mich mit unterschiedlichen Themen beschäftigt, las schon viele interessante Bücher. Motivationsbücher waren auch darunter.

Mit fortschreitendem Lebensalter machte sich eine unbestimmte Unzufriedenheit in mir breit. Da draußen musste es noch etwas geben, was ich noch kennenlernen möchte. Zunehmend hatte ich das Gefühl, von den Meinungen anderer Menschen bestimmt zu sein. Weil mich dieses störte, kam der Wunsch nach Selbstverwirklichung immer stärker zutage. Ich hatte es satt, mein Leben von anderen bestimmen zu lassen. Deren Einflussnahme wollte ich deutlich einschränken. Ich habe dabei realisiert, dass ich in meinem eigenen Glaubenssystem gefangen war. Und das wollte ich ändern. Aber wie? So habe ich mich seit einigen Jahren mit Persönlichkeitsentwicklung beschäftigt und bin dabei auch auf Neurolinguistische Programmierung (NLP) aufmerksam geworden. Das ist eine Methode, mit der man Vorgänge im Gehirn mit systematischen Handlungsanweisungen „umprogrammieren“ kann.

Irgendwann las ich etwas über den Motivationstrainer Jürgen Höller. So nahm ich am 26. September 2015 am „Europäischen Motivationstag“ in Nürnberg teil. Ich weiß nicht mehr, was konkret der Anlass war, mich zu dieser Veranstaltung anzumelden. Vermutlich war es meine Neugierde.

Mitten in der Nacht fuhr ich los, um unter den ersten zu sein, die in die *Arena Nürnberger Versicherung* eingelassen werden. Als ich ankam, warteten schon Hunderte darauf, dass sich die Tore öffneten.

Eine Stunde vor Beginn der Veranstaltung begann der Einlass. Interessant, wie die Teilnehmer erwartungsvoll in die Arena strömten, wie sich die Plätze füllten und wie die Besucher im Vorprogramm auf den Tag eingestimmt wurden. Interessiert, aber reserviert nahm ich ziemlich weit hinten Platz, obwohl zu dieser Zeit weiter vorne noch genügend freie Plätze vorhanden waren.

An diesem Tag wurde eine beeindruckende Atmosphäre und eine Show mit Uri Geller geboten. Es passte alles. Die Arena war mit ca. 6500 Personen gefüllt. Die Stimmung unter den Event-Teilnehmern war mit Energie geladen. Jürgen Höller mit seinem gesamten Team, Mike Dierssen und die anderen Redner sorgten für einen erlebnisreichen Tag. Stellenweise fragte ich mich, ob ich auch so „bekloppt“ sein solle, als ich meinem Nachbar den Nacken massieren und mich an den gymnastischen Übungen mit Hüpfen und Abklatschen beteiligen sollte, angefeuert von Jürgen Höller und seinem Team. Diese Anteile in einem Seminar waren für mich befremdlich, so etwas kannte ich nicht. Und mit dem Klopfen auf die eigene Brust, verbunden mit lauten „Chi-Ka"-Rufen konnte ich nichts anfangen. Nicht nur mir erging es so. Dennoch verschloss ich mich nicht und ließ mich von der Stimmung und der Unbefangenheit einfangen.

Die Vorträge waren äußerst spannend, einige sogar mitreißend und rhetorisch geschickt. Einer der Redner, der bei mir einen besonderen Eindruck hinterließ, war Dirk Kreuter. Er sprach übers Verkaufen, emotional vorgetragen, mit vielen neuen Impulsen. Abends bin ich dann zurückgefahren und war nach Mitternacht wieder zu Hause. Schlafen konnte ich nicht. Die Fahrt hatte mich nicht angestrengt, aber die Inhalte der Vorträge gingen mir durch den Kopf.

So besuchte ich etwas später in Bielefeld die Powerdays von Jürgen Höller, wollte mehr aus den Inhalten lernen. Diesmal war ich allerdings in der Stadthalle schon mittendrin und ich machte ohne Zögern mit. Die Aktivitäten kamen mir nicht mehr komisch vor. Es machte Spaß, bei einer vollgefüllten Stadthalle Teil einer La-Ola-Welle zu sein.

Für mich gab es dort einen besonderen Höhepunkt: das Zerbrechen eines Pfeils am eigenen Hals. Bei dieser Übung wird die Metallspitze eines Pfeils, wie er beim Bogenschießen verwendet wird, auf die weiche Stelle oberhalb des Schlüsselbeins gelegt. Ein Partner hält das andere Ende des Pfeils fest. Er bewegt sich nicht von der Stelle. Auf Kommando geht derjenige, der die Pfeilspitze am Hals hat, auf den Partner zu. Der Pfeil wird zerbrechen und sich nicht durch den Hals schieben. Mir machte es eindrücklich klar, dass es nicht gefährlich sein konnte, aber das Selbstvertrauen heben würde. Wer diese Übung mitgemacht hat, traut sich auch andere Sachen zu. Als Symbol ist sie geeignet, Zweifel zu überwinden und ins Handeln zu kommen.

Da ich meine Visitenkarte beim Motivationstag in Nürnberg am Stand von Dirk Kreuter eingeworfen hatte, erhielt ich nun regelmäßig Mails von seinem Team. In einer dieser Infos wurde ich auf Christian Bischoff aufmerksam. Ich war motiviert, 2016 in Bielefeld an einem Zweitagesseminar teilzunehmen. Meine damals noch 12-jährige Enkelin Rebecca konnte ich überzeugen, mit mir gemeinsam am Seminar teilzunehmen. Wir hatten viel Spaß. Und sie hatte sich erstaunlicherweise auch viel mitgeschrieben. Von den 1500 Teilnehmern quer durch alle Altersschichten war sie die Zweitjüngste und die Einzige, die von ihrem Opa begleitet wurde. Auch hier nahm ich mir vor, mich mit einer einzigen Sache aus dem Seminar näher zu beschäftigen, eine Empfehlung herauszupicken, die ich umsetzen würde. Aus dem Seminar „Die Kunst, Dein Ding zu machen" wählte ich den Inhalt zum Vortrag „Gesetz der Minimalkonstanz". Im Vortrag ging es darum, durch kleine Änderungen, die dauerhaft in den eigenen Tagesablauf integriert werden, Veränderungen im Leben zu bewirken.

Ich überlegte mir folgende Methode: Ich wollte in jedem Monat eine neue Kleinigkeit ändern und diese in den ausgewählten Lebensbereichen integrieren. So würde nach Ablauf eines Jahres mein Leben mit zwölf neuen Elementen gefüllt sein. Diese Elemente verknüpfte ich mit Vorstellungen, wie diese mein neues Leben bereichern würden. So machte ich mich motiviert an die Arbeit und begann mit der regelmäßigen Löschung von Mails.

Weil ich bisher eher ein Sportverweigerer war, gliederte ich als Letztes wenige sportliche Aktivitäten ein. So stehe ich seit dem 1.4.2017 morgens um 05:15 Uhr auf, mache im Badezimmer 15 Liegestütze und jogge zwei Kilometer. Abends vor dem Schlafengehen sind es dann nochmals zehn Liegestütze. Mehr Sport will ich nicht machen.

All das nahm meine Enkelin Marina mit Erstaunen zur Kenntnis und lief beim ersten Lauftraining sogar mit. Das brachte sie dazu, beim Einkaufen den Wartenden an der Supermarktkasse von ihrem Opa zu erzählen.

„Wer tut, was alle tun,
bekommt das,
was alle bekommen."
(Bodo Schäfer)

Inzwischen habe ich diverse Seminare zu allen möglichen Themen besucht und es tut mir gut. Die zweitägige Vertriebsoffensive von Dirk Kreuter habe ich mehrmals besucht. Auch, weil ich wissen wollte, wie er es schafft, innerhalb von einem Jahr die Teilnehmerzahl bei diesem Seminar von ca. 3500 auf 15000 zu erhöhen.

Die Veranstaltungen werden inszeniert, bieten viel Unterhaltungswert und erleichtern es, sich mit den Inhalten auseinanderzusetzen. Auf diesen Seminaren treffe ich Gleichgesinnte. Alle sind motiviert, hören interessiert zu, erfahren vieles über Veränderungsmöglichkeiten, wollen etwas umsetzen. Wenn ich den einen oder anderen Teilnehmern allerdings später wieder auf einer anderen Veranstaltung treffe, stelle ich fest, dass die anderen weniger konsequent bei der Umsetzung sind als ich. In diesem Moment war die Idee geboren, ein Buch zu schreiben. Meine Erfahrungen möchte ich weitergeben und wünsche mir, dass Sie bereit sind, über einige Abschnitte im Buch nachzudenken. Natürlich hoffe ich auch, dass Sie die eine oder andere Anregung tatsächlich aufgreifen. Lassen Sie sich von den eingestreuten Zitaten ebenfalls inspirieren.

Ich möchte Sie mitnehmen auf meine Reise zu meinen Veränderungen und lade Sie ein, an meinen Gedanken teilzuhaben. Sie können Ihnen als Anreiz dienen, sich ebenfalls mit den Themen zu beschäftigen. Sie werden letztlich merken, dass die Umsetzung leichter ist, als es zunächst anmutet. Missionieren möchte ich nicht, sondern zum Nachdenken anregen, um eigene Lösungen finden zu können. Dann werden sie eigenmotiviert die notwendigen Schritte für die Veränderungen machen. Tun Sie danach die Schritte, die nötig sind, um Veränderungen zu ermöglichen. Eine Auflistung meiner kleinen Veränderungen finden Sie übrigens im Anhang des Buches.

Vielleicht sind Sie aber hier an dieser Stelle des Buches angekommen, an der Sie die Erkenntnis haben, nichts ändern zu wollen, weil alles bei Ihnen zum Besten bestellt ist und Sie mit Ihrer Persönlichkeit keine Weiterentwicklung benötigen. Es ist Ihr Leben mit Ihren Zielen und den passenden Wegen. Es ist Ihre Entscheidung, nun das Buch weglegen zu wollen. Nur eine Überlegung möchte ich noch ergänzen: Was halten Sie davon, „entwickeln“ so zu verstehen, dass das „Eingewickelte“ freigelegt werden sollte? Vergleichbar mit der Aussage von Michelangelo: „Sein David sei schon immer im Marmorblock enthalten gewesen. Er habe ihn nur freigelegt.“

- Haben Sie auch manchmal das Gefühl, es könnte im Leben etwas besser für Sie laufen?
- Wo drückt der Schuh?
- Welche Veränderungen möchten Sie vornehmen?
- Wann beginnt die Reise bei Ihnen?

Jetzt sind Sie dran!

Wenn Sie den Willen haben und ernsthaft Veränderungen in Ihrem Leben wollen, sich ein Ziel setzen, wissen, warum Sie genau das erreichen wollen und konsequent den Weg gehen, werden Sie dauerhaft etwas verändern. Sie werden überrascht sein, wie wirklich einfach Sie dies mit ein paar Kleinigkeiten zu Wege bringen.

Sie werden an einen Wendepunkt in Ihrem Leben kommen, wenn Sie über Ihr Leben nachdenken. Wenn Sie sich dann daran orientieren, was erfolgreiche und glückliche Menschen tun, werden auch Sie erfolgreich und glücklich.

„Arbeiten Sie härter
an sich selbst
als an Ihrem Job."

(Jim Rohn)

Schon Aristoteles erkannte das Gesetz von Ursache und Wirkung. Ihre Gedanken schaffen Ihnen Tatsachen. Sie werden das, woran Sie denken. Was Sie mit Inbrunst glauben, wird Realität werden. Was Sie mit Zuversicht erwarten, wird sich wie bei einer sich selbst erfüllenden Prophezeiung entwickeln. Bringen Sie also Ihr Denken unter Kontrolle. Lernen Sie, sich mit positiven Gedanken zu beschäftigen. Sie werden Realität. Negative ebenso. Wenn Sie sich nur mit Sorgen beschäftigen, werden Sie feststellen, dass Ihre Befürchtungen wahr werden. Also fokussieren Sie sich auf die Gedanken, die Sie im Leben glücklicher machen.

„Glück hängt nicht
von äußeren Umständen ab,
sondern von unserem inneren Zustand."
(Dale Carnegie)

Sie müssen nicht alles, was Sie hier lesen im Detail nachvollziehen können, um Ihren persönlichen Nutzen zu finden. Beim Autofahren müssen Sie auch nicht wissen, was sich unter der Motorhaube abspielt. Beschäftigen Sie sich lieber mit der Frage, ***warum*** Sie etwas verändern möchten. Nehmen Sie sich Zeit, um die Antwort zu finden. Dann treffen Sie mit sich selbst eine Vereinbarung. Machen Sie es einfach! Seien Sie es sich wert. Das „Wie" kommt automatisch, wenn Sie Ihr „Warum" geklärt haben. Finden Sie Ihre Idee, machen Sie einen kurzen Plan und legen Sie los. Und Sie werden auch Glück haben, denn das Glück begünstigt immer diejenigen, die vorbereitet sind.

„Wer ein Warum
im Leben hat,
kann jedes Wie
ertragen."
(Friedrich Nietzsche)

Wenn Sie nichts ändern wollen, nichts ändern werden, hilft Ihnen dieses Buch allerdings nichts. Verschenken Sie es an jemanden, von dem Sie glauben, dass der- oder diejenige es im dargelegten Sinne verwenden wird. Sollten Sie es gekauft haben, um Ihre Neugierde zu befriedigen, sollten Sie es als Fehlinvestition sehen. Wenn Sie aber zu der Erkenntnis kommen, dass Sie selbst für Ihr Leben verantwortlich sind und Ihnen lediglich die Umsetzung schwerfällt, dann werden Sie hier einige Anregungen finden. Finden Sie heraus, womit Sie sich anfreunden können.

„Immer das Gleiche
zu tun und auf
Veränderungen zu hoffen
ist Wahnsinn."

(Albert Einstein)

- Können Sie mit sich die Vereinbarung treffen, das Buch zu Ende zu lesen?
- Haben Sie Lust, Neues zu entdecken?

Wo stehen Sie heute und wo zukünftig?

Läuft es gut in Ihrem Leben? Sind Sie mit sich selbst und Ihrem Leben zufrieden? Könnte manches nicht etwas besser sein? Oder ist alles so in Ordnung, wie es ist? Können Sie behaupten, dass Sie ein erfülltes Leben haben und mit allem zufrieden sind? Ich kann das von mir nicht behaupten – noch nicht.

Ich bin zwar zufrieden, gebe mich aber nicht zufrieden. Das ist für mich kein Widerspruch. Ich bin zufrieden mit dem, was ich erreicht habe. Ich bin zufrieden, wenn ich an das denke, was ich bin, was ich habe. Ich bin zufrieden, weil ich mich nicht damit beschäftige, was mir fehlt. Aber muss ich deshalb stehenbleiben? Ich denke, dass Stillstand Rückschritt bedeutet. Ich liebe Herausforderungen, wachse an den Lösungen und den gemachten Erfahrungen. Deshalb gebe ich mich nicht zufrieden. Ich sehe die

Möglichkeiten im Leben und will mich damit beschäftigen, immer wieder Neues zu wagen. Ich gehe weiter, weil ich mir sicher bin, dass die beste Zeit noch vor mir liegt. Fortschritt und Wachstum ist meiner Meinung nach immer nur durch das Werk der „Unzufriedenen“ und das Arbeiten im Unbekannten möglich gewesen. Die Erfolgreichen sind immer diejenigen gewesen, die mehr wollten.

Das Leben ist für mich ein Prozess, der immerfort verändert und angepasst wird. Wie ein Schiff, das auf den Meeren unterwegs ist. Es kommt nur ans Ziel, wenn der Kurs ständig korrigiert wird. So ist es auch in der Natur. Entweder es wächst oder es stirbt ab. Stillstand gibt es nicht. Wasser fließt in einem Gewässer und solange es fließt, ist Leben darin. Ein Gewässer ohne Austausch wird irgendwann kein Leben ermöglichen. Soll deshalb ein lebenslanges Lernen für mich nicht mehr gelten, nur weil ich ein bestimmtes Alter erreicht habe?

Ich kann mich mit dem Status Quo nicht zufriedengeben. Ich möchte Aufgaben und ich möchte diese meistern. Das ist meinem Ehrgeiz geschuldet. Und ich kann mich tierisch freuen, wenn mir wieder mal etwas gelungen ist. Die Freude ist besonders groß, wenn die Besserwisser aus meinem Umfeld gewusst hatten, dass es nicht funktionieren würde. Es ist für mich selbstverständlich, dass ich meine Füße nicht hochlege und mich nicht auf dem Erreichten ausruhe. Ich möchte mir nicht vorstellen, dass ich schon am Ende meines Lebens angekommen bin und das vorherrschende Altersbild akzeptieren müsse. Ich bin noch nicht müde.

Zufrieden bin ich mit dem, was ich bisher erreicht habe. Aber ich habe noch viel vor. Meine Vorstellungen treiben mich voran und bringen mich durchs Leben. Da muss ich auch mal Risiken eingehen. Der Weg ist das, was mir Freude macht.

Nun möchte ich an etwas arbeiten, was mich überdauern wird, etwas, das von mir übrig bleiben wird. Ich will etwas Großes machen. Noch bin ich auf der Suche, aber ich glaube zu wissen, was es sein wird. Es hängt damit zusammen, etwas für andere zu tun, nämlich Menschen bei der Gründung eines Unternehmens zu unterstützen. Wenn sich das gefestigt hat, weiß ich, was mich für den Rest meines Lebens anspornen wird.

„Der Weg ist das Ziel."

(Laotse)

Was kommt heraus, wenn Sie auf Ihr bisheriges Leben, das mögen viele oder wenige Jahre sein, zurückschauen? Wo sind Ihre Träume geblieben? Abgelegt oder vergessen? Holen Sie sie hervor. Träumen Sie und lassen Sie zu, in Ihren Wünschen zu schwelgen. Damit Sie Ihre Wünsche und Träume an das Leben nicht vergessen, schreiben Sie sie auf. Was möchten Sie noch sehen, was noch erleben? Wo möchten Sie in Ihrem Leben hin? Was würde Ihnen eine besondere Freude bereiten? Was würden Sie gern mit Ihrem Partner unternehmen? Was können Sie sich vorstellen? Was haben Sie bisher immer wieder aufgeschoben oder für später aufbewahrt?

Gibt es etwas, das Sie heute schon bereuen ***nicht*** getan zu haben? Denken Sie mal darüber nach. Die meisten Menschen bereuen am Ende ihres Lebens nicht das, was sie getan haben, sondern sie bedauern die Dinge, die sie ***nicht*** getan haben. ***Nicht*** den Mut gehabt zu haben, die Meinung zu sagen, ***nicht*** den Mut gehabt zu haben, sich mit einer Idee selbstständig gemacht zu haben. ***Nicht*** den Mut gehabt zu haben, einen eigenen Weg zu gehen. ***Nicht*** den Mut gehabt zu haben, das eigene Leben zu leben. ***Nicht*** den Mut gehabt zu haben ... ***Nicht*** die Zeit für die Familie gehabt zu haben, sich zu viel aufgeregt zu haben. „Ach, hätte ich doch!“ und „Wenn ich noch mal die Gelegenheit hätte ...“ oder „Jetzt ist es eh zu spät!“ Stellen Sie sich einmal vor, Sie wären am Ende Ihres Lebens angekommen und müssten feststellen, dass Sie eigentlich ***nicht*** gelebt haben. Keine schöne Vorstellung.

„Ohne Begrenzung des Lebens
macht die Ausgestaltung keinen Sinn.“
(René Borbonus)

Wollen Sie am Ende Ihres Lebens feststellen, dass Sie gern vieles anders gemacht hätten? Jetzt haben Sie die Gelegenheit und noch die Zeit, etwas zu ändern. Schreiben Sie Ihre persönliche Liste mit Ihren Wünschen, die Sie noch erfüllt haben möchten, was Sie noch unternehmen möchten. Es dürfen auch Positionen auf dieser Liste enthalten sein, die aus heutiger Sicht unrealistisch sind. Auch wenn Ihre Liste zweihundert Positionen und mehr enthält. Egal, schreiben Sie Ihre Wünsche und Träume auf. Machen Sie daraus eine sogenannte „Löffelliste“, also eine Liste mit all dem, was Sie noch erleben, noch erreichen möchten, bevor Sie „den Löffel abgeben“, bevor Sie sterben. Und wenn Sie Wünsche auf der Liste abgestrichen haben, weil das schon in Ihr Leben getreten ist, fügen Sie neue Wünsche und Träume hinzu. Der Weg ist das Ziel!

Schreiben Sie in einer zweiten Liste auch auf, was Sie ***nicht*** mögen. In dieser Liste sollte alles enthalten sein, was Ihnen keine Freude bereitet, womit Sie sich ***nicht*** mehr beschäftigen möchten, was Sie belastet, was Sie ***nicht*** mehr tun möchten. Könnte sich um solche Dinge fortan jemand anderes kümmern? Treffen Sie eine Entscheidung. Lernen Sie, etwas loszulassen.

Schauen Sie sich die unterschiedlichen Lebensbereiche an:

- Beruf • Beziehungen • Gesundheit
- Finanzen • Bildung/Wissen • Sinn • ...

Die Reihenfolge bzw. die Wichtigkeit in Ihrem Leben bestimmen Sie selbst. Es ist egal, ob es weniger oder mehr Lebensbereiche sind. Sie können einzelne Lebensbereiche aufsplitten, z.B. Gesundheit in Ernährung und Fitness unterteilen, Beziehungen in Partnerschaft, Familie, Kollegen, Freunde, Netzwerk usw. Aber machen Sie sich Gedanken darüber, wo Sie stehen. Blenden Sie kein Thema aus. Alle Lebensbereiche sind wichtig, alles ist miteinander verbunden und steht in Abhängigkeit zueinander. Wenn Ihre Partnerschaft problembehaftet ist, wird sich das auf Ihren Beruf auswirken. Wenn Sie nichts für Ihre Gesundheit tun, wird sich das auch auf Ihre Beziehungen ausdehnen. Wenn Sie sich nicht weiterbilden, werden Sie uninteressant für Ihren Arbeitgeber. Wenn Ihnen der Blick auf Ihre Finanzen keinen Spaß bereitet, sind die anderen Lebensbereiche ebenfalls betroffen. Die Reihe lässt sich beliebig fortsetzen.

*„Alles ist miteinander verbunden
und hat einen Sinn.
Obwohl dieser Sinn
meist verborgen bleibt, wissen wir,
dass wir unserer wahren Mission
auf Erden nah sind,
wenn unser Tun von der Energie
der Begeisterung durchdrungen ist."*

(Paulo Coelho)

Ich habe für mich entschieden, dass ich meine Zeit nicht mehr vor dem Fernseher verbringen werde. Das umzusetzen war schon ein einschneidender Schnitt, denn ich habe gern die Krimis gesehen und mich manchmal auch geärgert, wenn plötzlich ein anderer Täter aus dem Hut gezaubert wurde. Manchmal habe ich mich auch bei leichter Unterhaltung entspannt. Jetzt schauen nur noch meine Frau und meine Enkel Fernsehen – in begrenztem Umfang. Ich halte das Fernsehen bis auf wenige Ausnahmen für eine Verdummungsmaschine. Dauerfernsehen ist für mich keine Option. Und manchmal glaube ich, die Intension der Programmmacher von Talkrunden zu erkennen. „Fernseh-Diät" mache ich auch, weil ich mich der Manipulation entziehen möchte. Kochsendungen haben für mich ebenfalls kaum einen Wert. Und Sendungen, die vermutlich nur produziert werden, um Werbung zu platzieren, kommen für mich sowieso nicht in Frage. Seit ich abgeschaltet habe, ärgere ich mich auch nicht mehr über das Fernsehprogramm. Auch Sie müssen sich nicht über das angebotene Programm ärgern. Bedienen Sie den Knopf am Gerät und schalten öfter aus oder trennen sich ganz vom Fernseher. Nutzen Sie die gewonnene Zeit für Ihre Weiterbildung mit Podcasts, Bücher lesen, gemeinsame Zeit für die Familie. Ihnen wird schon etwas einfallen.

Wem nützt es, wenn Sie sich über steigende Spritpreise aufregen? Sie ändern nichts daran. Also akzeptieren Sie, was Sie nicht ändern können. Da Sie am Wetter nichts ändern können, lernen Sie, damit zu leben. Das Leben ist zu schade, um sich mit Dingen zu beschäftigen, die Sie nicht ändern können. Sich darüber aufzuregen nützt nichts und schadet Ihnen möglicherweise.

Schenken Sie Ihre Aufmerksamkeit lieber den Dingen, bei denen Sie selbst die Handlung bestimmen können. Sie haben es in der Hand, sich um Ihre Angelegenheiten und um sich selbst zu kümmern. Werden Sie Experte in eigenen Angelegenheiten. Damit haben Sie genug zu tun.

Ziehen Sie Bilanz in allen Lebensbereichen. Ich wage die Behauptung, dass Sie erkennen werden, dass es nicht in allen Lebensbereichen optimal bestellt ist. Nehmen Sie das nicht hin, weil Sie denken „das ist eben so“. Nein, es ist eben nicht so. Realisieren Sie für sich, warum Sie da stehen, wo Sie jetzt sind: Sie sind dort, weil Sie vor Jahren Entscheidungen getroffen oder sie nicht getroffen haben! Sie tragen die Verantwortung dafür. Ich vermute, dass Sie gern etwas ändern möchten. Tun Sie es! Nur Sie selbst können an Ihrer Situation etwas ändern, denn Sie haben die Gestaltungsfreiheit. Sie sind kein Opfer! Wenn Sie jetzt etwas ändern, werden Sie sich später über die Ergebnisse freuen können. Sie ernten, was Sie säen.

Bestimmen Sie Ihren derzeitigen Stand im Leben und dann die Stelle, an der Sie in drei, in fünf oder gar in zehn Jahren sein möchten. Wer sind Sie heute und wer möchten Sie zukünftig sein? Stellen Sie sich Ihr Ziel genau vor. Visualisieren Sie, wohin Sie möchten und gehen Sie los. Schritt für Schritt! Dazu reichen kleine Schritte. Werfen Sie einen Blick in die Zukunft. Je klarer Sie sich das vorstellen können, je mehr Emotionen Sie in Ihr Zukunftsbild legen können, desto einfacher kommen Sie mit den Hinweisen und Empfehlungen in diesem Buch zurecht.

Machen Sie sich Ihre aktuelle Lage bewusst. Treffen Sie eine Entscheidung. Planen Sie Ihre eigenen kleinen Schritte und setzen Sie diese um! Handeln Sie!

*„Die einzige Möglichkeit,
die Zukunft zu beeinflussen,
besteht darin,
Versprechen zu machen
und diese einzulösen."*
(Hannah Arendt)

- Welche Lebensbereiche hat Ihre Liste?
- Welches Verbesserungspotenzial haben Sie bei sich ausgemacht?
- Wo wollen Sie hin?
- Was werden Sie verändern?
- Welchen kleinen Schritt werden Sie konkret in jedem Ihrer Lebensbereiche tun, um aus Ihrem Vorhaben eine Gewohnheit zu machen?
- Was werden Sie loslassen?
- Was möchten Sie in der Zukunft nicht bedauern?
- Worauf möchten Sie stolz sein?

Was sind Ihre Werte?

Wofür stehen Sie im Leben und wofür nicht? Wie „ticken" Sie? Für mich sind beispielsweise Respekt, Leistungswille und Hilfsbereitschaft drei wichtige Werte. Ich glaube, dass sie mich ausmachen. Andere Werte sind mir auch wichtig, doch sagt mir eine innere Stimme, dass ich mich in den genannten drei Werten im Moment wiederfinde.

Ich bin gegenüber anderen respektvoll und erwarte das auch von meinen Mitmenschen, nicht nur mir gegenüber. Mit respektlosen Personen habe ich nichts zu tun. Sollten irgendwann welche in meinen Bekanntenkreis auftauchen, werde ich sie sicherlich identifizieren. Sie werden nicht lange in meinem Bekanntenkreis bleiben. Respekt ist für mich ein wichtiger Wert.

Wer mich kennt, weiß um meine Leistungsbereitschaft und den Willen, mehr zu leisten als andere. Ich erwarte auch, dass meine Mitmenschen den Willen haben, Leistung in ihrer Sache zu zeigen. Deshalb kommt man mit mir sehr gut klar, wenn ich Leistungsbereitschaft erkennen kann. Mit Menschen, die ich als „faul" einstufen könnte, kann ich nichts anfangen. Fehlende Leistungsbereitschaft führt bei solchen Menschen irgendwann zu Neid und einem Gejammer, was ich nicht ertragen will. Zu meinem eigenen Schutz muss ich mich von Leistungsfernen trennen.

„Ich nenne den Menschen faul,
der Besseres leisten könnte."

(Sokrates)

Wichtig für mich ist auch die Hilfsbereitschaft. Ich helfe gern, lasse mich aber nicht ausnutzen. Entweder es will jemand etwas lernen, dann bin ich dabei und bereit, dafür Zeit zu investieren. Wenn aber die Lernbereitschaft nicht vorhanden ist und man beim „Ich kann das nicht" bleiben möchte, hört auch meine Hilfsbereitschaft auf. Es wäre für mich vertane Lebenszeit, jemandem Hilfe zu gewähren, der diese offensichtlich nicht benötigt. Hilfe zur Selbsthilfe ist für mich in Ordnung.

„Ihr könnt den Menschen
nie auf Dauer helfen,
wenn Ihr für sie tut,
was sie selbst tun sollten und könnten."

(Abraham Lincoln)

Natürlich habe ich noch andere Werte, eine ganze Menge sogar. Die haben aber eine andere Rangfolge in meinem Leben und belegen zur Zeit nicht die Spitzenpositionen. Meine Werte unterliegen selbstverständlich auch Veränderungen, weil sich ja auch meine Ziele und meine Ansichten ändern können und damit andere Werte auf meiner Prioritätenskala die erwähnten drei ablösen.

„Wer neue Antworten will,
muss neue Fragen stellen."
(Johann Wolfgang von Goethe)

Seit ich über meine Werte nachgedacht habe, bin ich auch ganz klar positioniert. Das mag man mögen oder auch nicht. Das interessiert mich aber nicht. Ich richte mein Leben jetzt nicht mehr nach den Wünschen anderer aus. Vorbei ist die Zeit, in der ich mich wie eine Marionette meiner Mitmenschen fühlen musste. Ich lebe mein eigenes Leben, folge meinen Interessen. Das ist kein Egoismus, sondern eine klare Positionierung. Es interessiert mich zwar, was andere denken, das muss aber nicht dazu führen, dass ich mich anpassen muss, nur weil es erwartet wird.

Durch das Reduzieren der Werte auf einige wenige stehen für mich meine wichtigsten Werte eindeutig fest. Diese bilden die Grundlage für mein Handeln. Bei meinen Mitmenschen beurteile ich, ob deren Werte zu meinen passen. Meine Werte müssen mit den Werten anderer und diese wiederum mit meinen Werten harmonieren. Wenn es bei den Werten keine Resonanz gibt, würde es schwierig mit einer dauerhaften Verbindung werden. Das möchte ich mir selbst nicht antun, möchte mir selbst keine Steine in den Weg legen und mich nicht verbiegen müssen. So würde ich keine Mitarbeiter beschäftigen, die meine Werte torpedieren. Auch privat würde ich das „Problem“ lösen, wenn ich meine Wertevorstellungen nicht in meiner Umgebung finden würde.

Selbstverständlich habe ich die Toleranz, die Werte meiner Mitmenschen anzuerkennen. Jeder Mensch lebt nach Werten und für jeden sind aus der Vielzahl von Werten eben andere Werte wichtig. Das akzeptiere ich. Sie müssen nur zu meinen Werten in Einklang zu bringen sein.

Was ist mit mir nicht zu machen? Nun, ich trage niemand zum Jagen. Für mich ist völlig klar, dass ich nie jemanden in den Wald tragen werde, damit er dort jagen kann, um das bildlich auszudrücken. Übersetzt heißt das, dass ich für andere nichts in der Wiederholung machen werde, wenn diese selbst in der Lage sind, es zu tun oder nach Anleitung tun könnten.

Wie steht es mit Ihnen? Machen Sie sich Gedanken darüber, was Ihre Werte sind, was Sie ausmacht! Handeln Sie nach Ihren Werten und Sie werden feststellen, dass diese ein solides Fundament darstellen. Sie werden sich nicht wie ein Fähnlein im Winde drehen oder Ihre Meinung anpassen müssen. Stehen Sie zu Ihren Werten und man wird das akzeptieren. Wenn nicht, sollte Ihnen das nichts ausmachen. Haben Sie es nötig, anderen nach dem Mund zu reden? Müssen Sie sich des lieben Friedens willen ärgern? Sagen Sie Ihre Meinung!

„Werte sind wertlos,
wenn sie lieblos sind.“

(Ernst Ferstl)

Erinnern Sie sich an einen Ihrer besten Tage in Ihrem Leben? Sie werden feststellen, dass dies ein Tag war, an dem Sie mit Ihren Werten im Einklang waren. Gestalten Sie Ihr Leben jetzt so, dass Sie möglichst viele solcher Tage erleben.

Listen Sie Ihre Werte auf, so wie es Ihnen gerade einfällt. Jeder Mensch hat Werte, nach denen er handelt und sein Leben ausrichtet. Vielleicht haben Sie sich bisher nur noch nicht ausführlich damit auseinandergesetzt.

Was ist für Sie besonders wertvoll, wonach wollen Sie streben? Welche Prinzipien oder Lebensregeln haben Sie? Woran orientieren Sie sich im Leben? Nach Ihren Werten haben Sie vermutlich einfach unbewusst gelebt, aber nie konsequent darüber nachgedacht.

„Ein jeder
ist so viel Wert,
wie die Dinge wert sind,
um die es ihm ernst ist."

(Marc Aurel)

Haben Sie schon mal Entscheidungen getroffen, bei denen Sie Ihr Bauchgefühl zweifeln ließ? Das ist ein Hinweis darauf, dass Ihre jeweilige Entscheidung nicht auf Ihren Werten beruht hatte. Leben Sie nach Ihren Werten und Sie werden auch mehr Glücksgefühle haben.

Achten Sie darauf, dass es Ihre eigenen Werte sind, denn die meisten Werte wurden uns über unsere Erziehung und dem sozialen Miteinander vermittelt. Was für unsere Eltern und Lehrer galt, war ihnen so wichtig, dass sie es weitergegeben haben. Angepasst wurden wir von den Menschen um uns herum. Wenn Sie ein ausgeglichenes und glückliches Leben haben wollen, müssen Sie diese Werte überprüfen, sich Ihrer eigenen Wertevorstellungen bewusst werden und die wichtigsten Werte aktiv in Ihr Leben integrieren. Leben Sie ausschließlich nach Ihren eigenen Werten.

„Im Stande sein,
nach seinen
inneren Werten zu leben
und sich dabei
wohl zu fühlen,
das ist wahrer Wohlstand."
(Manfred P. Zinkgraff)

Im Folgenden finden Sie eine Auswahl an Worten, die Ihnen bei der Findung Ihrer Werte helfen können. Markieren Sie sich die Werte, mit denen Sie spontan etwas anfangen können. Die Werte lassen Interpretationen zu.

Abenteuer, Abwechslung, Achtsamkeit, Achtung, Ästhetik, Agilität, Aktivität, Aktualität, Akzeptanz, Altruismus, Andersartigkeit, Anerkennung, Anmut, Anpassungsfähigkeit, Ansehen, Anstand, Arbeit, Aufgeschlossenheit, Aufmerksamkeit, Aufrichtigkeit, Augenblick, Ausdauer, Ausgeglichenheit, Ausgewogenheit, Authentizität, Autonomie, Barmherzigkeit, Bedeutung, Begeisterung, Behaglichkeit, Beharrlichkeit, Beliebtheit, Benehmen, Berühmtheit, Bescheidenheit, Besonnenheit, Beständigkeit, Bildung, Brüderlichkeit, Bewusstheit, Dankbarkeit, Demut, Dienen, Disziplin, Effektivität, Effizienz, Ehrenamt, Ehrgeiz, Ehrlichkeit, Eigeninitiative, Eigenständigkeit, Einfachheit, Einfallsreichtum, Einfluss, Einstellung, Einzigartigkeit, Empathie, Energie, Engagement, Erfolg, Ethik, Entscheidungsfreude, Entschlossenheit, Entspannung, Erfahrung, Fairness, Familie, Fantasie, Fitness, Fleiß, Flexibilität, Fortschritt, Freiheit, Freude, Freundlichkeit, Freundschaft, Frieden, Fröhlichkeit, Frohsinn,

Fülle, Fürsorglichkeit, Geben, Geduld, Gefühle, Gelassenheit, Gemeinsinn, Gemütlichkeit, Genügsamkeit, Genuss, Gerechtigkeit, Geschicklichkeit, Geselligkeit, Gesundheit, Gewissenhaftigkeit, Glaube, Glaubwürdigkeit, Gleichheit, Glück, Gradlinigkeit, Großzügigkeit, Güte, Haltung, Harmonie, Heiterkeit, Herzensbildung, Herzlichkeit, Hilfsbereitschaft, Hingabe, Höflichkeit, Hoffnung, Humor, Idealismus, Identität, Initiative, Innovation, Interesse, Integrität, Intuition, Kinder, Klarheit, Klugheit, Können, Kommunikationsfähigkeit, Kompetenz, Kontrolle, Kraft, Kreativität, Kundenzufriedenheit, Lachen, Lebendigkeit, Lebensfreude, Lebenskraft, Lebenslust, Leichtigkeit, Leidenschaft, Leistung, Lernen, Liebe, Liebenswürdigkeit, Loyalität, Macht, Maßhalten, Menschlichkeit, Mentalität, Mitgefühl, Moral, Motivation, Mut, Nachhaltigkeit, Nächstenliebe, Neugierde, Neutralität, Offenheit, Optimismus, Ordnung, Orientierung, Partnerschaft, Persönlichkeit, Pflichtgefühl, Präsenz, Präzision, Professionalität, Pünktlichkeit, Qualität, Realismus, Recht, Redlichkeit, Respekt, Risikobereitschaft, Rücksichtnahme, Ruhe, Sanftmut, Sauberkeit, Schönheit, Sehnsucht, Selbstakzeptanz, Selbstachtung, Selbstbewusstsein, Selbstdisziplin, Selbstentwicklung, Selbstliebe, Selbstlosigkeit, Selbstvertrauen, Selbstwert, Sensibilität, Seriosität, Sex, Sicherheit, Sitte, Solidarität, Sorgfalt, Sozialkompetenz, Sparsamkeit, Spaß, Spiritualität, Standfestigkeit, Status, Stille, Stolz, Strebsamkeit, Sympathie, Tapferkeit, Tatkraft, Teamgeist, Teilen, Toleranz, Tradition, Transparenz, Treue, Tüchtigkeit, Tugend, Umweltschutz, Umsetzungswille, Unabhängigkeit, Unbestechlichkeit, Unterstützung, Veränderung, Verantwortung, Verbundenheit, Vergebung, Verlässlichkeit, Vernunft, Verständnis, Vertrauen, Verzeihen, Vitalität, Vorurteilsfreiheit, Wachsamkeit, Wachstum, Wahrheit, Wahrhaftigkeit, Weisheit, Weitsicht, Wertschätzung, Willenskraft, Willensstärke, Wissen, Wohlbefinden, Wohlstand, Work-Life-Balance, Würde, Zielstrebigkeit, Zivilcourage, Zufriedenheit, Zugehörigkeit, Zuneigung, Zusammenarbeit, Zuverlässigkeit, Zuversicht ...

Auf Sie werden auch viele Werte zutreffen. Da die Liste nur eine Auswahl darstellt, sind Ihre Werte möglicherweise nicht enthalten. Nehmen Sie die fehlenden mit auf. Sie müssen allerdings die Anzahl der Werte reduzieren, damit Sie sich darüber Klarheit verschaffen, wofür Sie stehen. Finden Sie die 3-5 Werte, mit denen Sie sich absolut identifizieren können und schreiben Sie auf, was Sie damit meinen. Hören Sie in sich hinein, was Ihnen wichtig ist und was wichtiger als die anderen Werte, schließlich, was Ihnen am Wichtigsten ist. Keine leichte Aufgabe, die Werte gegen einander abzuwägen und auf eine Handvoll zu reduzieren.

- Nach welchen Prinzipien sind Sie im Leben unterwegs?
- Welche Einstellungen wollen Sie auf den Prüfstand stellen?
- Welche Werte machen Sie aus?
- Was verbinden Sie mit Ihren Werten?
- Was haben Ihre bisherigen Werte mit Ihnen gemacht?
- Wie wird sich Ihr Leben mit Ihren Werten verändern?

Wie viel Sinn geben Sie Ihrem Leben?

Je älter ich werde, umso mehr denke ich über den Sinn des Lebens, den Zweck meines Daseins, nach. Sind wir frei in unseren Entscheidungen, ist nicht alles Zufall? Woher kommen wir, wer sind wir, wohin werden wir gehen? Tod und was kommt danach? In jungen Jahren war bei mir dafür kein Platz. Die Antworten auf manche Fragen habe ich auch als Spinnerei abgetan. Jetzt mache ich mir so meine Gedanken.

Ist es erforderlich, Ordnung in mein Innenleben zu bringen, damit mein Außenleben folgen kann? Was blockiert mich und ist das Vergeben wirklich nötig? Welche Bedürfnisse habe ich?

Nach der Maslowschen Bedürfnispyramide geht es den Menschen um Bedürfnisse in fünf Stufen: Physiologische Bedürfnisse wie Essen, Trinken, Schlaf, Sex, ausreichende Bezahlung. Auf der zweiten Stufe stehen die Sicherheitsbedürfnisse, wie der Wunsch nach Geborgenheit, Schutz der Person, sicherer Arbeitsplatz, Altersversorgung. Wenn diese Bedürfnisse befriedigt sind, gilt es, die sozialen Bedürfnisse zu decken: Zugehörigkeit, Freundschaft, Arbeitskollegen, Kommunikation. Auf der vierten Stufe steht die Wertschätzung, der Wunsch nach Anerkennung, Lob, Status, bessere Bezahlung. Erst wenn diese Bedürfnisse befriedigt sind, kommen Wünsche zu Selbstverwirklichung, Selbstachtung, Mitbestimmung, Einfluss, Freizeit hinzu. Erst dann sind Kapazitäten zur Findung der Wahrheit und Schönheit vorhanden.

Danach bin ich in der Pyramide schon weit gekommen. Ich arbeite an der Entwickelung meiner Persönlichkeit, beschäftige mich mehr mit mir selbst. Ich lerne, mich selbst zu erkennen und so anzunehmen wie ich bin. Ich achte mich selbst und trainiere, immer da zu sein, wo ich gerade bin, nicht beim Frühstück schon in Gedanken bei der Arbeit und während der Arbeit nicht an deren Ende denken! Ich lebe weniger im Außen und investiere keine Zeit, um damit Likes von anderen zu erhalten. Das ist mir zu oberflächlich.

Auch Sie haben viele gute Eigenschaften. Erkennen Sie den Kern in sich und bleiben Sie ganz bei sich selbst. Folgen Sie Ihrer Sehnsucht.

*„Wir können mehr bekommen,
als wir jetzt haben,
weil wir mehr aus uns machen können,
als wir jetzt sind."*

(Jim Rohn)

Denken Sie manchmal darüber nach, was Erfolg ist oder warum andere Erfolg haben oder erfolgreicher als Sie sind? Das Nachdenken ist ja gut, denn es bringt Sie nach vorne. Aber warum setzen Sie sich dem Vergleich aus? Ein solcher Vergleich führt zwangsläufig zu einem Fokus von sich weg und richtet das Augenmerk auf andere. Er bringt Sie weg von der eigenen Verantwortung und Sie berauben sich um Ihr eigenes Glück. Der Vergleich ist des Glückes Tod. Vergleichen sollten Sie sich ausschließlich mit sich selbst und sich fragen, was Sie heute besser gemacht haben.

*„Persönlichkeit fängt dort an,
wo der Vergleich aufhört."*

(Karl Lagerfeld)

Denken Sie auch darüber nach, was Ihr Beruf aus Ihnen macht. Sind Sie in einer Position, in der Menschen Angst vor Ihnen haben? Wenn Sie feststellen, dass Ihnen die Menschlichkeit abhandengekommen ist, ändern Sie das, allein schon für Ihre eigene Gesundheit und die Ihres engsten Umfeldes.

Definieren Sie Ihren eigenen Erfolg und wägen Sie das Erreichte mit Ihren eigenen Ergebnissen aus der Vergangenheit ab. Es kommt nur darauf an, was Sie für sich als

Erfolg definieren. Erfolg ist etwas ganz Individuelles. Als besonders erfolgreich fühle ich mich, wenn ich das tun kann, was mir Spaß macht und ich davon leben kann.

„Es gibt nur einen Erfolg:
nach seinen eigenen Vorstellungen
leben zu können."

(Christopher Morley)

Wenn Sie den Blick immer auf andere richten und feststellen, dass andere höher, weiter kommen oder mehr haben, werden Sie Komplexe aufbauen und diese kultivieren. Das ist für Ihren eigenen Erfolg mehr als hinderlich.

Was andere erreicht haben, sollte Ihnen nicht wichtig sein. Es kommt nur auf Sie an, auf das, was Sie selbst als Erfolg sehen. Und wenn Sie bei Ihrem Tun die Welt ein bisschen besser machen und Sie stets Ihrem Herzen folgen, ist das Erfolg. Was immer das sei. Wenn Sie verzeihen und vergeben können, ist das für Sie Erfolg. Wenn Sie vergeben können, tragen Sie ganz wesentlich zu Ihrem Glücklichsein bei. Erfolg ist letztlich das, wenn das eintritt, was Sie möchten.

Wenn Sie mehr in der Vergangenheit gefangen sind als genießend in der Gegenwart, stehen Sie sich selbst im Weg. Denken Sie mal über Vergebung nach. Vergeben Sie offenen Herzens allen Menschen, von denen Sie glauben, sie hätten Ihnen Schaden zugefügt. Wenn Sie mit diesen Menschen sprechen, werden Sie feststellen, dass Sie sich über etwas ärgern, was dem anderen vielleicht gar nicht bewusst war, Sie aber den Gedanken unter Umständen Jahrzehnte mit sich herumtragen und sich damit belasten. Vergeben Sie allen voran Ihren Eltern, Ihrem Partner oder Ex-Partner und letztlich sich selbst.

Klären Sie Ihre Vergangenheit. Ihre Eltern haben sich bemüht, Ihnen alles Mögliche beizubringen oder von Ihnen fernzuhalten, aber nie in der Absicht, Ihnen zu schaden. Und bedenken Sie, sie hatten nach dem Stand ihrer Kenntnisse gehandelt.

Ich hatte vor vielen Jahren mit einem Mietnomaden zu tun. Er hatte meiner Familie großen Schaden zugefügt. Als ich ihn und seine Familie endlich loswurde, habe ich ihn verfolgt und an jedem neuen Wohnort die Nachbarn und den Vermieter informiert. Ich wollte, dass er ebenfalls mit einem Schaden aus dieser Sache hervorgeht. Ich wollte Rache und habe viel Energie in seine Verfolgung gesteckt. Das war rückwärtsgewandt. Den angerichteten Schaden konnte ich dadurch nicht ausgleichen. Die Vergangenheit kann ich nicht verändern. Es hat lange gedauert, bis ich das kapiert und ihm verziehen hatte. Seit ich das getan hatte, ärgere ich mich auch nicht mehr über den Urheber des mir zugefügten Schadens. Ich habe erkannt, dass der entscheidende Fehler bei mir lag. Ich hätte meinen Mieter besser auswählen sollen. Nun schaue ich nicht mehr im Groll zurück, sondern mit besseren Erkenntnissen in die Zukunft. Nun, so merkwürdig das klingen mag, kann ich die Frage stellen, was gut daran war? Ich bin eine Erfahrung reicher und mache es künftig besser. Ich habe außerdem gelernt, einige meiner Emotionen zu beherrschen und das Leben im Griff zu behalten. Ich habe dadurch gelernt, dass ich durch das Vergeben in erster Linie mir selbst geholfen habe.

Sie sind nicht verantwortlich für das was passiert ist, wohl aber für Ihre Reaktion auf ein Ereignis. Es sind nicht die Ereignisse, die Sie fertig machen, es sind die Bedeutungen, die Sie den Ereignissen beimessen und die Gefühle, die Sie zulassen. Also nicht das, was Ihnen im Leben passiert, bestimmt, was Sie fühlen, sondern Ihre eigenen Gedanken und Schlussfolgerungen zu den Ereignissen. Wenn Sie die Verantwortung für Ihre Interpretationen und Reaktionen übernehmen, haben Sie es selbst in der Hand, welche Gefühle Sie zulassen.

Achten Sie auf Ihre Emotionen. Gewöhnen Sie sich positive Gewohnheiten an und tauschen Sie noch vorhandene negative Gedanken in positive. Es kommt nicht darauf an, was Ihnen passiert, sondern darauf, wie Sie darauf reagieren.

Seit ich abends bewusst der Frage nachgehe, wofür ich an diesem, nun vergangenen Tag dankbar bin, kann ich gut schlafen. Ich freue mich darüber, wenn mir etwas gelungen ist. Das muss nichts Großartiges sein. Ich mache mir das Gelungene bewusst und bin dafür dankbar. Ich bin dankbar für Glücksmomente, freue mich an vielem aus meinem Alltag. Ich bin dankbar für das Erlebte, für das, was ich habe und für das, was ich bin. Da gibt es immer etwas, wofür ich dankbar sein kann. Das wird auch bei Ihnen so sein. Wenn Ihnen mal nichts einfallen sollte, seien Sie dankbar dafür, dass Sie aufgewacht sind, atmen können, gesund sind, zumindest gesünder als viele andere, eine gute Partnerschaft haben, einem freundlichen Menschen begegnet sind, einem, dem Sie ein Lächeln schenken oder dem Sie helfen konnten. Vielleicht können Sie sich auch an einem Sonnenaufgang oder an einem Regenbogen erfreuen und dafür dankbar sein.

Seien Sie für alles, was Ihnen seit Ihrem Aufwachen widerfahren ist, dankbar. Sie werden den Tag zufrieden abschließen können und viel Selbstvertrauen aufbauen.

Ein Schicksalsschlag kann Sie dann nicht aus der Fassung bringen, denn Sie entwickeln durch Ihre Dankbarkeit ein Urvertrauen in sich selbst.

Dankbarkeit stärkt nachgewiesenermaßen das Immunsystem und beschleunigt Heilungsprozesse. Wenn Sie mögen, legen Sie sich ein Heft an und schreiben Sie jeden Tag auf, wofür Sie an diesem Tag besonders dankbar sind. Sammeln Sie die Momente, die Ihnen Freude gemacht haben. Wenn es Ihnen mal nicht so gut geht – auch solche Momente sind normal – nehmen Sie Ihre Aufzeichnungen zur Hand und freuen Sie sich über all das, worauf Sie stolz und dankbar gewesen sind.

Dankbarkeit lenkt Ihre Gedanken in eine positive Wahrnehmung Ihres Lebens. Stellen Sie sich die Situationen aus Ihren Aufzeichnungen plastisch als Film vor, holen Sie aus Ihrer Erinnerung heraus, was Sie mit dem Eintrag verbinden und Sie werden sehen, dass es Ihnen schlagartig besser geht. Sie werden sich freuen und nicht mehr niedergeschlagen sein, denn Sie können nicht zwei Gedanken gleichzeitig denken.

„Denke lieber an das, was du hast,
als an das, was dir fehlt!
Suche von den Dingen, die du hast,
die besten aus und bedenke dann,
wie eifrig du nach ihnen gesucht haben würdest,
wenn du sie nicht hättest.“
(Marc Aurel)

Ebenso können Sie Ihre Erfolge aufschreiben. Legen Sie sich auch dazu eine Kladde an und notieren Sie darin Ihre Erkenntnisse und Ihre Lernerfolge. Schreiben Sie alles auf, weil das Aufschreiben das Erlebte und Gedachte in den entsprechenden Gehirnregionen verankert. Das Notieren auf Papier ist deshalb besonders wichtig.

Üben Sie sich in Achtsamkeit. Nehmen Sie Ihre Mitmenschen wahr und seien Sie freundlich zu Ihnen. Nehmen Sie sich Zeit, extra mal ohne Hektik einzukaufen. Es zwingt Sie doch niemand, durchs Leben zu hetzen. Ich stelle mich beim Einkaufen immer an der Kasse mit der längsten Schlange an. Wenn ich mit meiner Enkelin Marina unterwegs bin, hat sie das schon übernommen. Sie zieht mich an die entsprechende Kasse. Probieren Sie es aus und Sie werden feststellen, dass Sie nicht mehr genervt sind, wenn es an der Kasse nicht vorangeht, weil z.B. jemand das passende Kleingeld zusammensucht oder die Kassiererin sich noch mit den Kunden unterhält. Sie haben bewusst das Langsame gewählt. Außerdem kommen Sie mit anderen Kunden ins Gespräch, besonders, wenn Sie nur wenige Teile haben und sich trotzdem hintanstellen. Und Sie können Studien betreiben, wenn Sie in den Einkaufswagen anderer Leute schauen und Ihre Schlüsse ziehen. Interessant, was die Menschen so aufs Band legen. Bei der Gelegenheit entdecke ich immer wieder, wie neugierig ich doch bin.

Lernen Sie, Ihren Ärger loszulassen. Loslassen bedeutet, dem Glück den Weg bereiten. Buddha schreibt man folgenden Satz zu: „An Ärger festhalten ist wie, wenn Du ein glühendes Stück Kohle festhältst mit der Absicht, es nach jemandem zu werfen – derjenige, der sich dabei verbrennt, bist Du selbst."

„Mit dem Glück von heute
das Glück von morgen mehren."
(Richard Koch)

Vermeiden Sie Ärger und Groll. Und wenn er schon da ist, denken Sie einen Moment darüber nach. Lassen Sie ihn los. Tragen Sie die negativen Gedanken nicht den ganzen Tag mit sich herum.

Dazu fällt mir eine Geschichte ein: Zwei Mönche eines Schweigeordens sind bei Sonnenaufgang unterwegs. Sie kommen an einen Fluss, an dem eine Frau keinen Weg findet, um auf die andere Flussseite zu kommen. Einer der Mönche schnappt sich wortlos die Frau und trägt sie zum anderen Ufer. Dort setzt er sie ab und die Mönche gehen schweigend des Weges. Der zweite Mönch schaut immer wieder grimmig zum anderen Mönch. Nach Einbruch der Dunkelheit kann er seine Vorwürfe endlich loswerden. Der kritisierte Mönch antwortete „Ich habe die Frau schon am Morgen abgesetzt, aber Du trägst sie immer noch mit Dir herum." Loslassen. Dauerhafter Ärger wird sich in Ihr Gesicht eingraben. Das können Sie nicht wollen.

„Das Leben ist zu kurz,
um sich über Nebensächlichkeiten aufzuregen."
(Benjamin Disraeli)

Warum lächeln Sie sich selbst nicht an? Mögen Sie sich nicht? Es kann für Sie eine gute Übung sein, jedes Mal, wenn Sie an einem Spiegel vorbeikommen, darauf zu achten, dass Sie Ihren Gesichtsausdruck korrigieren. Lächeln Sie! Wenn Sie sich das wegen der Leute noch nicht zutrauen, fehlt es Ihnen an Selbstbewusstsein – noch! Lächeln Sie wenigstens bei sich im Badezimmer, wenn niemand zuschaut.

Nehmen Sie sich selbst wahr. Lernen Sie, sich selbst anzunehmen. Es sollte Sie nichts daran hindern, sich selbst sympathisch zu finden. Wenn Sie selbstbewusst in den Spiegel schauen, werden Sie auch im Alltag häufiger als freundlich und selbstbewusst wahrgenommen. Man wird Ihnen das ansehen. Eine Volksweisheit besagt, Gott habe Ihnen zwar ein Gesicht gegeben, Sie allerdings selbst müssten lächeln. Tun Sie es einfach! Achten Sie auf Ihren freundlichen Gesichtsausdruck und lernen Sie, sich selbst zu mögen.

Beobachten Sie häufiger die Menschen, die Ihnen begegnen. Viele haben vielleicht nichts zu lachen, haben die Mundwinkel nach unten hängen, den Blick zu Boden gesenkt, Frust im Beruf, Stress mit dem Partner, haben zu wenig Geld, keinen Glanz in den Augen. Lächeln Sie verständnisvoll diese Menschen an und irgendwann lächelt jemand zurück. Grüßen Sie freundlich beim Betreten eines Geschäftes und Sie werden freundlich bedient. Denken Sie immer daran, dass Sie das erleben werden, was Sie mit Ihrem Gesicht ausdrücken. Man wird es Ihnen spiegeln.

„Ein Lächeln bereichert den Empfänger,
ohne den Geber ärmer zu machen.“
(Dale Carnegie)

Alles, was Sie wahrnehmen, ist ein Spiegel dessen, was Sie selbst in Ihre Umwelt geben. Das ergibt sich aus dem sogenannten Gesetz der Resonanz. Betreten Sie missgelaunt ein Geschäft, werden Sie das dem Personal ansehen. Sind Sie genervt, werden Sie andere als nervig wahrnehmen. Wenn Sie wütend sind, provozieren Sie mit Ihrem Gesichtsausdruck Ihr Gegenüber. Bevor Sie also auf den Splitter im Auge Ihres Gegenübers zeigen, sollten Sie das Brett vor dem eigenen Kopf sehen. Ziehen Sie es weg.

Meditieren Sie ein paar Minuten, in dem Sie sich nur auf Ihren Atem konzentrieren. Nehmen Sie eine angenehme Sitzposition ein, spüren Sie Ihren Herzschlag und atmen Sie mehrmals tief ein und aus. Das mag Ihnen etwas spirituell vorkommen, hilft Ihnen aber trotzdem, weil das richtige Atmen großen Einfluss auf Ihre Gesundheit hat. Probieren Sie es einfach aus und denken Sie dann darüber, was Sie wollen. Eine Minute volle Konzentration auf Ihren Atem – eine kurze, aber wertvolle Zeit für Ihre Lebenskraft. Führen Sie als Anregung folgende Atemübung durch: Atmen Sie im Rhythmus 4-4-4-4. Vier Sekunden einatmen, vier Sekunden den Atem halten, vier Sekunden ausatmen, vier Sekunden ohne Atmen, dann wiederholen, insgesamt viermal und das dann jeden Tag, eventuell auch mehrmals am Tag. Sie können auch vier Sekunden einatmen, 16 Sekunden den Atem halten und acht Sekunden ausatmen. Das versorgt Ihr Blut mit Sauerstoff und fördert die Ausscheidung von Giftstoffen über das Lymphsystem. Sie fokussieren sich auf das Atmen und beim Zählen werden Sie sich kaum auf etwas anderes konzentrieren können. Sie werden beim Meditieren feststellen, dass Sie Stille zulassen können und Sie mit etwas Übung die Fähigkeit bekommen, negative Gedanken abzuschalten. Gönnen Sie sich solche Übungen und verweilen Sie öfters im Augenblick, zumindest einmal am Tag und sei es abends, wenn Sie zu Bett gehen.

Denken Sie daran, dass andere nicht schuld an Ihrer Lage sind. Sie haben sich selbst durch Ihre Entscheidungen dahin manövriert wo Sie jetzt sind. Da, wo Sie jetzt stehen sind Sie hingekommen, weil Sie selbst sich immer dazu mitgenommen haben. Wer die Schuld zu anderen schiebt, gibt auch die Macht ab. Bekennen Sie sich dazu, dass Sie früher falsche Entscheidungen getroffen haben und stehen Sie zu den sich daraus ergebenden Konsequenzen. Ändern Sie Ihre Entscheidungen und Ihr Leben wird sich verändern. Dazu hilft es Ihnen, wenn Sie die Perspektive wechseln. Sie werden die Welt mit anderen Augen sehen.

Finden Sie Ihren Lebenszweck. Finden Sie das in sich, was Sie ausmacht. Womit können Sie anderen helfen, damit diese größer werden? Was tun Sie für das Gemeinwohl? Zeigen Sie soziales Engagement. Wenn Sie anderen Menschen helfen, ihre Stärken zu entwickeln, wird Ihnen das auch zugutekommen, denn Sie werden die Dankbarkeit spüren. Wichtig ist nur, dass andere etwas davon haben, was Sie machen! Und es wird Sie glücklich machen, wenn Sie sich darüber freuen können, einem Menschen geholfen zu haben. Eine Lebensweisheit besagt, dass nicht der glücklich ist, der viel hat, sondern derjenige, der wenig braucht und anderen gibt. Das bezieht sich nicht nur auf Materielles. Sie bekommen zurück, was Sie geben, wenn Sie mit dem Herzen geben. Geben Sie aus Freude am Geben und das kommt in Ihr Leben, was Sie von Herzen anderen gönnen. Haben Sie Freude am Geben!

„Frage nicht,
was Dein Land
für Dich tut,
frage Dich,
was Du
für Dein Land tust!“

(John F. Kennedy)

John Strelecky stellt in seinem Buch „Das Café am Rande der Welt“ die Frage, warum wir hier sind. Was ist der Zweck unserer Existenz? Denken Sie darüber nach! Womit machen Sie die Welt ein bisschen besser? Wer sind Sie und weshalb sind Sie hier? Welche Rolle wollen Sie in Ihrem Leben ausfüllen?

Sie sind geboren und irgendwann werden Sie sterben. Welchen Sinn haben Sie Ihrem Leben in der Zwischenzeit gegeben? Was macht Sie wertvoll? Wie helfen Sie anderen? Machen Sie den Unterschied zu denen, die nur reden. Handeln Sie.

„Das zu sein, was wir sind,
und das zu werden,
was wir in der Lage sind zu werden,
ist der einzige Zweck des Lebens."

(Baruch Spinoza)

Nutzen Sie Ihre Handlungsmöglichkeiten, die Welt zu einem schöneren Ort zu machen, um sie eines Tages in einem besseren Zustand zu verlassen, als Sie hineingeboren wurden. Das hört sich gewaltig an. Aber fangen Sie mit kleinen Schritten an. Fangen Sie bei sich an! Immer wenn Sie etwas übernehmen, haben Sie die Wahl, es zu verbessern und verbessert weiterzugeben. Was hindert Sie zum Beispiel daran, eine gemietete Wohnung nach der Übernahme zu verbessern und in einem verbesserten Zustand nach dem Auszug zurückzugeben? Schließlich wohnen Sie selbst darin. Machen Sie die Welt ein bisschen besser. In seinem Buch „The Big Five for Life" gibt Strelecky ein einprägsames Bild: Stellen Sie sich vor, nach Ihrem Lebensende wären Sie für alle Ewigkeit der Führer durch Ihr eigenes Museum. Was würden Sie zeigen bzw. zeigen müssen?

Was sind übrigens Ihre Big Five for Life? Die fünf großen Dinge, die Sie im Leben erreichen wollen?

Sind Sie vom Leben enttäuscht? Vielleicht liegt es daran, dass Sie etwas Falsches erwarten. Sie bekommen nämlich, was Sie erwarten. Wenn Sie den ganzen Tag mit Problemen herumlaufen und nur mit Sorgen an die Zukunft denken, manifestiert sich diese negative Gedankenhaltung und Ihr Unterbewusstsein wird Sie dabei unterstützen, genau das zu bekommen. Verbannen Sie negative Gedanken aus Ihrem Leben. Damit ändern Sie Ihr Leben zum Positiven hin. Es braucht eine Weile. Lassen Sie sich nicht entmutigen. Der vielbeschäftigte Winston Churchill soll einmal gesagt haben, dass er keine Zeit habe, sich Sorgen zu machen.

„Man ist nur unglücklich,
wenn man Zeit hat,
darüber nachzudenken,
ob man glücklich oder unglücklich ist."
(John Bernhard Shaw)

Genießen Sie deshalb Ihr Leben. Sie haben nur das eine und Sie kommen nicht lebend raus. Machen Sie sich selbst glücklich, indem Sie anderen helfen. Tun Sie etwas für das Gemeinwohl. Je glücklicher Sie sind, desto größer ist die Wahrscheinlichkeit, dass Sie die Welt durch Ihre Hilfe verändern. Finden Sie heraus, was Sie glücklich macht. Mit welcher Kleinigkeit können Sie die Welt verbessern? Eine solche Kleinigkeit wird nicht ohne Wirkung bleiben. Auch die kleinste Bewegung auf einem ruhigen See breitet sich aus. So werden auch Ihre Aktivitäten Kreise ziehen. Bauen Sie sich Energiereserven für schwere Zeiten auf und akzeptieren Sie, dass es im Leben Hell und Dunkel gibt. Machen Sie Ihre Gabe zu Ihrer Aufgabe und führen Sie diese mit Hingabe aus. Tun Sie es mit Herz und Verstand.

Auch Sie haben im Leben schon Glück erfahren können. Stellen Sie sich vor, wie Sie glücklich waren und was Sie glücklich gemacht hat. Finden Sie mit der Erinnerung die Ursachen und wiederholen Sie die Tätigkeiten, die zu diesem Erleben geführt haben.

„Wahres Glück spürt man,
wenn das Herz schneller schlägt
als der Geist denken kann.“

(Sergio Bambaren)

Eine 80-jährige Dame litt sehr darunter, dass sie wegen der Entfernung und der Kosten nicht an der Entwicklung ihres Enkels teilhaben konnte. Ihr Sohn war nämlich beruflich für einige Jahre nach Tokio versetzt worden. Im Rahmen der ehrenamtlichen Computerschulung für Senioren hatte ich die Gelegenheit, dieser Dame die Nutzung von Skype beizubringen. Fortan kommunizierte sie in vielen Skype-Sitzungen mit der Familie und bekam die Entwicklung ihres Enkels unmittelbar mit. Das hat die Lebensqualität dieser Frau enorm verbessert und ich bekomme heute noch eine Gänsehaut, wenn ich an die Freude denke, die ich dieser Seniorin machen konnte.

Welche Bedeutung hat für Sie ein Ziel? Sind es nur materielle Werte oder steht ein höherer Zweck dahinter? Wem helfen Sie, wenn Sie auf dem Weg zu Ihrem Ziel sind und wem, wenn Sie es erreicht haben? Was macht es mit Ihnen, wenn Sie angekommen sind? Hinterfragen Sie die Sinnhaftigkeit. Warum wollen Sie dieses Ziel erreichen? Was wird sich mit der Zielerreichung ändern? John D. Rockefeller brachte es auf den Punkt: „Wenn reich werden Dein einziges Ziel ist, dann wirst Du es niemals erreichen.“

Tun Sie etwas, was von Bedeutung ist. Tun Sie Dinge, die Sie vor allem gerne tun und tun Sie es mit Menschen, die Sie lieben. Arbeiten Sie möglichst an einem gemeinsamen Ziel, wobei Sie nicht die Zielerreichung glücklich machen wird, sondern der Weg dahin. Den Weg zu Ihrem Ziel müssen Sie ständig optimieren. Suchen Sie danach, wie Sie anderen helfen können. Stellen Sie sich der Frage, was Sie wirklich wollen. Machen Sie etwas Bedeutsames für Ihr Leben.

„Aus dem Zusammentreffen
von Vorbereitung und Gelegenheit
entsteht das, was wir Glück nennen."

(Anthony Robbins)

Meine Enkelin Marina war in einer Kinderfreizeit auf der Burg Hohnstein. Ich hatte mich nicht informiert, wo dieser Ferienort liegt und hatte ihr versprochen, sie dorthin zu fahren und auch wieder abzuholen. Wie ich später feststellen musste, war der Ferienort 600 Kilometer entfernt. Marina hatte sich sehr gefreut, als sie wahrnahm, dass sie mit ihrem Opa unterwegs sein würde. Ich konnte an ihrer Freude teilhaben. Da war es für mich selbstverständlich, dass ich mein Versprechen nicht brechen würde, nur weil es jetzt so weit zu fahren war. Ich bin die Strecke von 1200 Kilometer zweimal gefahren. Dabei hat mich nicht die Tortur der langen Fahrt abgeschreckt – ich bin gleich wieder zurückgefahren –, sondern ich habe gespürt, wie wichtig es meiner Enkelin war, dass sie die Fahrt mit mir verbringen durfte. Es war trotz der Anstrengung eine schöne Zeit, eine schöne gemeinsame Zeit für meine Enkelin und für mich, die ich nicht missen möchte. Ich würde es wieder tun. Die Freude meiner Enkelin war bei mir größer angesiedelt als die Beschwerlichkeit der langen Fahrt. Für meine Enkelin war die Fahrt bedeutsam. Das hat mich motiviert und ich habe es nicht als Belastung empfunden, weil ich es gerne gemacht hatte.

Bei der Sinnfindung kann Ihnen Ihre Vorstellungskraft helfen. Was würden Sie tun, wenn Sie genug Geld hätten, um sich keine Sorgen machen zu müssen, wenn Geld keine Rolle spielen würde? Wie würde Ihr Tag aussehen, womit würden Sie sich beschäftigen? Wie würden Sie Ihre Zeit verbringen? Wo wären Sie? Wer wäre in Ihrer Gesellschaft? Wie würden Sie leben? Wie sähe Ihr Tagesablauf aus? Wer wären Sie?

Vielleicht erinnern Sie sich an Ihre Kinderzeit, speziell an das, was Sie gerne getan hatten, Sie begeistert hatte und wie Sie dabei die Zeit vergaßen. Welcher Tätigkeit würden Sie am liebsten nachgehen? Was würden Sie gerne tun, selbst wenn Sie dafür kein Geld bekämen? Es muss nur etwas sein, was Sie gerne tun und Ihnen mit Leichtigkeit und ohne Anstrengung von der Hand geht. Was würden Sie tun, wenn Sie keine Angst vor einem Misslingen haben würden? Was würde Sie begeistern? Wann leuchten Ihre Augen? Worin sind Sie stark? Können Sie in dieser Tätigkeit aufgehen und sie mit Freude ausüben? Macht es Sie glücklich? Was wollten Sie gerne machen, bevor man Ihnen gesagt hat, was zu tun ist? Bei welcher Tätigkeit könnten Sie die Zeit vergessen? Denken Sie über diese Fragen nach. Die Antworten werden Sie zu Ihrer Bestimmung führen.

„Wenn ein Mensch
nichts gefunden hat,
für das er sterben würde,
so ist er auch nicht fähig,
zu leben.“

(Martin Luther King)

Machen Sie nur das, wovon Sie aus tiefsten Herzen überzeugt sind. Was für ein Mensch wären Sie, wenn Sie genug Geld hätten? Erkennen Sie, wer Sie sind. Wären Sie ein problematischer Zeitgenosse, dem die Mitmenschen eher aus dem Weg gehen würden oder eher jemand, der mit seinem Geld Gutes bewirken würde? Um das zu finden, können Sie eine kleine Übung durchführen: Schließen Sie die Augen und lassen Sie Ihren Träumen freien Lauf. Atmen Sie ruhig. Konzentrieren Sie sich auf Ihre Wünsche. Spüren Sie die Freude, die in Ihnen hochkommt, wenn Sie fühlen, wie Sie das machen, was Sie erfüllt? Hören Sie auf Ihre innere Stimme und denken Sie daran, was Ihnen Freude bereiten würde. Was wünschen Sie sich? Stellen Sie sich Ihre Träume in allen Einzelheiten vor. Können Sie es sehen, hören, riechen, schmecken, fühlen? Welche Gefühle haben Sie bei dieser Vorstellung?

Vielleicht finden Sie nicht sofort etwas, was Sie begeistern würde. Üben Sie. Und wenn Sie etwas gefunden haben, notieren Sie es! Überlegen Sie sich den einen Schritt, den Sie heute schon tun werden, um Ihrer Freude näher zu kommen. Was können Sie heute schon tun, um morgen besser zu sein?

Lassen Sie sich dabei nicht aufhalten in dem Sie auf das schauen, was andere tun. Kümmern Sie sich um das, wozu Sie selbst fähig sind und konzentrieren Sie sich darauf, was Sie wollen und können. Meine Schwiegermutter hatte immer gefragt „Ja, täten die anderen das auch?“ Zum Glück habe ich meine Aktivitäten nicht davon abhängig gemacht.

Haben Sie sich schon mal gefragt, welchen Wert Sie sich selbst geben? Welchen Nutzen gibt Ihr Produkt, Ihre

Dienstleistung, Ihr Einsatz? Welchen Sinn macht es für andere Menschen, dass Sie morgens aufstehen? Wofür verlassen Sie Ihr Bett?

Zum Glücklichsein brauchen Sie andere Menschen, für die Sie etwas tun. Sie sind wichtig für andere Menschen. Was würden Ihre Liebsten vermissen, wenn es Sie nicht mehr gäbe?

Was treibt Sie an? Wenn Sie nur das Geldverdienen im Kopf haben sollten, wird das nicht ausreichen. Sie müssen etwas tun, was den Menschen nützt. Dann folgt das Geld automatisch.

Tun Sie heute etwas, worauf Sie morgen stolz sein können. Machen Sie den positiven Unterschied und lassen Sie sich nicht aufhalten. Genießen Sie es, wenn Ihnen etwas gelingt. Gönnen Sie sich die Freude, eine regelmäßige Belohnung für sich selbst vorzusehen. Feiern Sie Ihre Erfolge!

Gehen Sie positiv durchs Leben und eliminieren Sie negative Gedanken. Machen Sie sich nicht selbst fertig, indem Sie überwiegend an Mangel denken. Negative Gedanken werden auch in Ihrem Leben auftauchen. Vieles können Sie im Leben nicht ändern, aber ändern können Sie, wie Sie damit umgehen. Sie haben es in der Hand, den Dingen eine positive Bewertung zu geben.

Niemand ist perfekt. Jeder Mensch vereinigt sowohl gute als auch schlechte Seiten in sich. „In jedem wohnt ein böser und ein guter Wolf", wie der alte Indianer den Kindern erzählte. Beide Wölfe streiten ständig miteinander. „Wer wird gewinnen?", fragten die Kinder und der weise Indianer antwortete: „Der, den Du fütterst!" „Füttern" Sie nur gute Gedanken. Lassen Sie überwiegend

Gedanken zu, die Ihnen das Glücklichsein erleichtern. Manifestieren Sie Glücksmomente in Ihrem Leben. Denken Sie an Dinge, die Ihnen Freude bereiten oder Ihnen bereiten würden.

Denken Sie weniger in Problemen, sondern in Lösungen! Wenn Sie ein kleineres Problem lösen, staut es sich nicht zu einem großen Problem auf. Ein großes Problem werden Sie nur haben, wenn Sie zuvor kleinere Probleme ignoriert haben. Wehren Sie also den Anfängen! Wenn Sie ein Problem haben, beschäftigen Sie sich damit nicht zu lange. Suchen Sie die Ursache des Problems. Denken Sie darüber nach, welche Lösungen möglich sind. Welche Lösungsmöglichkeit ist davon die beste? Wählen Sie die beste Lösung aus.

Sie haben keine Probleme? Dann brauchen Sie sich keine Sorgen zu machen! Wenn Sie ein Problem haben und es lösen können, brauchen Sie sich ebenfalls keine Sorgen mehr zu machen! Können Sie das Problem nicht lösen, beschäftigen Sie sich mit der Lösung und lösen Sie es, gegebenenfalls mit der Hilfe anderer. Und dann lassen Sie das Problem los. Es ist beseitigt und nicht mehr wert, dass Sie sich damit beschäftigen. Es ist Ihre Zeit, Ihre Lebensenergie, die Sie mit dem Festhalten an Problemen verschwenden.

Ihre Aufgabe könnte sein, anderen zu helfen, mit Ihrem Wissen, Ihrer Erfahrung, Ihrem Können. Sie können so unglaublich viel tun – auch mit kleinen Dingen. So wird Ihr Leben nach und nach mehr Inhalt haben. Knüpfen Sie Ihre Hilfe aber nicht an Bedingungen. Stellen Sie Ihre Unterstützung absichtslos zur Verfügung. Tun Sie etwas für andere, etwas, das Zeit, Mühe, Selbstlosigkeit und Aufmerksamkeit erfordert und nicht viel kosten muss.

Ein Bekannter hat mich mit einer seiner Aktionen sehr berührt. An jedem seiner Geburtstage kauft er einen Blumenstrauß und bringt ihn ins Krankenhaus. Dort schenkt er die Blumen jemand, dem es besonders schlecht geht. Diese Geste schenkt dem Schenkenden mehr Freude und Glück als dem Beschenkten.

Gönnen Sie sich täglich feste Zeiten, die nur Ihnen gehören. Genießen Sie den Augenblick. Lassen Sie sich nicht treiben. Denken Sie darüber nach, welche Entscheidungen Sie in Ihrem Leben getroffen haben, die dazu geführt haben, dass Sie sind, wer Sie sind.

Machen Sie mehr mit dem Herzen und machen Sie sich etwas zur Ihrer Herzensangelegenheit. Dann werden Sie jemand sein, der durch sein Tun auch Besitz haben wird. Sie entscheiden, wer Sie sein möchten.

- Was ist der Zweck Ihrer Existenz?
- Was haben andere Menschen davon, dass es Sie gibt?
- Was ist für Sie von Bedeutung?
- Wonach streben Sie?
- Von welchem übergeordneten Sinn lassen Sie sich in Ihrem Handeln leiten?
- Wofür sind Sie heute dankbar?
- Wie haben Sie heute Achtsamkeit geübt?
- Wie oft haben Sie heute gelächelt?
- Wem konnten Sie heute ehrlichen Herzen vergeben?
- Was haben Sie heute getan, damit es Ihnen gut geht?
- Wie haben Sie sich heute entspannt?

- Wie oft haben Sie auf Ihren Atem geachtet?
- Was haben Sie heute getan, um ausgeglichen zu sein?
- Was tun Sie und wie tun Sie es?
- Wer sind Sie, wenn Sie sich nach anderen richten?
- Welchen Wert haben Sie sich heute gegeben?
- Wie viel inneren Frieden haben Sie heute erreicht?
- Was würden Sie ändern, wenn Sie nicht mehr lange zu leben hätten?

Übernehmen Sie die volle Verantwortung für sich selbst!

Glauben Sie, andere seien für Ihre derzeitige Situation verantwortlich? Dann dürfen Sie auch glauben, dass ein Zitronenfalter Zitronen falten kann.

Übernehmen Sie Verantwortung für Ihr Leben. Es ist Ihr Leben und Sie sind für alles, was Sie tun oder unterlassen verantwortlich. Sie sind dafür verantwortlich, wie es Ihnen im Moment geht. Wenn Ihnen der derzeitige Zustand nicht gefällt und Sie sofort versucht sind, bei jemand anderem die Schuld für Ihre momentane Situation zu suchen, sind Sie auf dem Holzweg. Sie selbst sind verantwortlich, haben durch Ihr Tun oder Ihr Unterlassen, durch Ihre Entscheidungen dafür gesorgt, dass Sie jetzt da sind, wo Sie stehen. Sie haben vor vielen Jahren entschieden, einen bestimmten Weg zu gehen. Vielleicht in kleinen, kaum merkbaren Schritten. Nun sind Sie heute dort angekommen, wohin Sie der Weg geführt hat. Also übernehmen Sie die Verantwortung für das, was Sie bisher nicht getan haben oder nicht bereit waren zu tun. Übernehmen Sie die Verantwortung für Ihre Entscheidungen und Sie werden feststellen, dass Sie glücklicher werden, je mehr Verantwortung Sie übernehmen. Je glücklicher Sie sind, desto besser wird es Ihnen in jeder Hinsicht gehen.

„Du bist
nicht nur für das
verantwortlich,
was Du tust,
sondern auch für das,
was Du nicht tust."
(Laotse)

Egal, wo Sie beruflich stehen, wie es in Ihrer Partnerschaft aussieht, wie es um Ihre Gesundheit, um Ihre Finanzen steht, niemand außer Ihnen trägt dafür die Verantwortung. Davon bin ich zutiefst überzeugt. Es gibt nur einen Verantwortlichen für Ihre derzeitige Situation, nämlich Sie selbst. Wenn Sie das nicht so sehen, sind Sie vermutlich noch in einer Opferrolle gefangen und wollen sich daraus vielleicht auch nicht befreien. Kommen Sie heraus und erkennen Sie: Wenn Sie die Verantwortung dafür übernehmen, können Sie selbst loslegen und müssen nicht warten, bis andere sich verändern. Andere werden sich nur ändern, wenn Sie sich ändern.

Niemals werden Sie auf Dauer die Schuld anderen zuschieben können. Wenn Sie das tun, schaden Sie nur sich selbst, denn wem Sie die Schuld geben, dem geben Sie die Macht. Schade um die vertane Zeit. Fragen Sie sich lieber, was Sie an Erfahrung gewinnen können und nehmen Sie mit dieser Erkenntnis einen neuen Anlauf.

Wenn Sie merken, dass Sie sich in einem Loch befinden, hören Sie auf zu graben. Stehen Sie auf und gehen Sie mit einem neuen Selbstbewusstsein zurück in ein aktives Leben.

Übernehmen Sie die Verantwortung in Ihrem Beruf nicht nur dafür, wofür Sie zuständig sind, weil es Ihr Job erfordert. Ihr Arbeitgeber hat Anspruch auf Ihren vollen Einsatz. Solange Sie diesen nicht bringen, gibt es für ihn keinen Grund, Ihnen mehr zu bezahlen. Wert schaffen Sie nur, wenn Sie wertvoll für Ihren Arbeitgeber sind und das auch bleiben. Und wertvoll im finanziellen Zusammenhang sind Sie für Ihren Arbeitgeber nur dann, wenn Sie ihm selbst auch Wert generieren und dieser Wert die Kosten übersteigt. Geben Sie mehr Wert und Ihr Wert wird steigen. Es heißt zu Recht: Erst geben, dann nehmen. Es ist falsch, das Prinzip umkehren zu wollen. Geben Sie und man wird Ihnen geben. Seien Sie Dienstleister im Leben anderer. Geben Sie mehr als hundert Prozent!

Übernehmen Sie die Verantwortung für Ihre Partnerschaft. Wenn Sie sich selbst nicht mögen, werden Sie Ihre Liebe auch nicht dauerhaft Ihrem Partner entgegenbringen können. Ändern Sie sich und Ihr Partner wird es Ihnen mit der Zeit gleichtun. Wenn Sie nur Erwartungen an Ihren Partner stellen, wird das auf Dauer nicht funktionieren. Er spiegelt zurück, was Sie ihm bieten.

Die Beziehung zu einem anderen Menschen vergleiche ich mit einem Korb, in den jeder etwas hineinlegt und auch entnimmt. Solange der Korb gefüllt ist, wenn einer der Partner etwas entnehmen möchte, ist auch die Beziehung in Ordnung. Wenn eines Tages der Korb leer ist, obwohl Sie ihn befüllt haben, werden Sie über Ihre

Beziehung nachdenken und nach und nach wird sich ein Riss in Ihrer Beziehung bilden und der Riss wird größer werden. Bis er nicht mehr zu kitten ist. Auch Ihr Partner legt regelmäßig etwas in den Korb. Warum sollte er das weiter tun, wenn der Korb leer ist, wenn er etwas entnehmen möchte? Warten Sie nicht, dass der Partner den Korb der Partnerschaft füllt, gehen Sie in Vorleistung.

Übernehmen Sie die Verantwortung für Ihre Gesundheit. Nicht die Tabakkonzerne sind schuld, wenn Sie krank werden. Es ist ihre Entscheidung, ob Sie rauchen oder eben nicht rauchen! Sie selbst haben es in der Hand, fit zu sein. Ein ungesundes Leben haben Sie sich angewöhnt. Nach vielen Jahren werden Sie die Quittung dafür erhalten, meist wird das im Alter geschehen. Sie sind verantwortlich für Ihre Fitness und für Ihre Ernährung. Sie allein hätten etwas daran ändern können. Wenn Sie es nicht getan haben, liegt das ausschließlich in Ihrer Verantwortung. Ändern Sie also jetzt etwas.

Übernehmen Sie die Verantwortung für Ihre Finanzen. Ihr derzeitiger Kontostand ist das Ergebnis Ihrer Lebensweise. Wenn am Ende des Geldes noch zu viel Monat übrig ist, machen Sie etwas falsch. Sie haben nicht zu wenig Geld, Sie geben zu viel aus. Sie sorgen selbst mit Ihren Einnahmen und Ihren Ausgaben für das Ungleichgewicht. Also übernehmen Sie dafür die Verantwortung.

Übernehmen Sie die Verantwortung für Ihre Bildung. Lebenslanges Lernen darf kein Fremdthema sein. Wenn Sie nicht genug in Ihrem Job wissen, sich das fehlende Wissen nicht aneignen bzw. vorhandenes Wissen nicht aktuell halten, werden Sie auf Dauer Ihren Preis nicht wert sein. Besuchen Sie Seminare, holen Sie sich Inspirationen und setzen Sie Gelerntes um, denn nur angewandtes Wissen bringt Mehrwert. Was investieren Sie selbst in sich? Gehen Sie nicht nur auf Seminare, weil Ihr Arbeitgeber die Kosten übernimmt. Das ist zwar wünschenswert, sollte Sie aber nicht davon abhalten, Ihre Weiterbildung und Persönlichkeitsentwicklung selbst in die Hand zu nehmen. Nehmen Sie aus jedem Seminar etwas Konkretes mit, das Sie in Ihr Leben integrieren werden. Denken Sie über einen einzigen Impuls oder Gedanken aus der Veranstaltung nach – den einen Gedanken, vielleicht sogar den Geistesblitz, den Sie weiterverfolgen und umsetzen werden.

Nur die Tat schafft Ergebnisse. Um sich über Resultate freuen zu können, müssen Sie etwas tun, um diese möglich zu machen. Haben Sie keine Angst vor dem Scheitern. Sie lernen aus Fehlern – hoffentlich – und sammeln dadurch Erfahrung. Ihr Wert wird sich an Ihren Erfahrungen messen müssen. Behalten Sie den Enderfolg im Blick. Eingesetzte Erfahrung schafft Ihnen neue Resultate.

„Erfolg
hängt von guter Vorbereitung ab,
und ohne diese ist das Scheitern sicher."

(Konfuzius)

Nur wenn Sie Verantwortung übernehmen, können Sie selbst etwas für sich tun. Geben Sie sich die Kontrolle über alle Lebensbereiche. Sie haben die Handlungsfreiheit und können wirksam handeln, um für sich selbst das Handlungsergebnis zu rechtfertigen und für das Ergebnis einzustehen.

- Von welcher Opferrolle haben Sie sich heute verabschiedet?

- Wie haben Sie die Verantwortung für Ihre Leistung im Beruf übernommen?
- Wie haben Sie die Verantwortung für Ihre Partnerschaft übernommen?
- Wie haben Sie die Verantwortung für Ihre Gesundheit übernommen?
- Wie haben Sie die Verantwortung für Ihre Finanzen übernommen?
- Wie haben Sie die Verantwortung für Ihr Wissen übernommen?
- Was werden Sie jetzt konkret tun?

Geben Sie im Beruf alles – wirklich alles?

Gehören Sie zu den Menschen, die etwas mit Robinson Crusoe gemeinsam haben – montags schon auf Freitag warten?

Professor Dr. Jörg Knoblauch unterscheidet zwischen A-, B- und C-Mitarbeitern. Hier ein Bild für die verschiedenen Kategorien: Stellen Sie sich einen Ochsenkarren mit Heuladung vor. Der A-Mitarbeiter geht mit Weitsicht neben dem Zugtier her und greift ein, wenn es Probleme gibt, unterstützt, wenn der Karren festsitzt, hat Ideen, er ist der Mutmacher. Der B-Mitarbeiter geht nebenher und hilft auf Anweisung, macht auch schon selbstständig mit, er ist der Mitmacher. Der C-Mitarbeiter sitzt auf dem Heuwagen und verlässt seinen bequemen Platz nur murrend, er ist der Miesmacher im Unternehmen.

Der A-Mitarbeiter ist von sich aus motiviert, für ihn spielt die Arbeitszeit keine wesentliche Rolle, er denkt im Sinne des Unternehmens. Der B-Mitarbeiter macht seinen Job, in der Regel von „neun bis fünf", freut sich auf das Wochenende, übernimmt auch freiwillig zusätzliche Aufgaben und ergreift auch mal die Initiative. Dem C-Mitarbeiter muss alles erklärt werden, er handelt auf Weisung, ist immer in der Opferrolle und meist auch der Minderleister. Ihm ist vieles im Betrieb egal.

In jedem Betrieb sind nach Prof. Knoblauch normalerweise ca. 10-15% A-Mitarbeiter, 70% B-Mitarbeiter und 15-20% der Belegschaft C-Mitarbeiter. Professor Knoblauch zeigt in seinen Seminaren, wie man diese Verteilung ändern kann in 80% A-Mitarbeiter und 20% B-Mitarbeiter. Die Gesamtheit der A-Mitarbeiter ist das Hochleistungsteam in einem Betrieb. Ein Hochleistungsbetrieb hat keine C-Mitarbeiter.

Wenn Unternehmen wachsen wollen, werden sie künftig nur A-Mitarbeiter einstellen und B-Mitarbeitern helfen, sich zu A-Mitarbeitern zu entwickeln. C-Mitarbeiter müssen sich mindestens zu B-Mitarbeitern entwickeln. Dabei muss ihnen geholfen werden. Wenn sich die Leistungen durch eine interne Versetzung verbessern lassen, ist das in Ordnung. Es kann ja sein, dass dieser Mitarbeiter am falschen Platz eingesetzt ist und sich in einer anderen Aufgabe besser entfalten kann.

In einigen Fällen kann es sich auch schon zum Besseren wenden, wenn der Vorgesetzte ausgetauscht wird. Grundsätzlich muss bei einem C-Mitarbeiter die Bereitschaft vorhanden sein, sich zu verändern oder durch Schulungen besser zu werden. Fehlt die Bereitschaft dazu, muss das Unternehmen diesen Mitarbeiter entlassen. Ja, diese Einstellung teile ich, denn es geht um die zu erbringende Leistung. Es geht ausdrücklich nicht um Menschen mit Behinderung. In meinem Beispiel für C-Mitarbeiter sind Mitarbeiter gemeint, die könnten, aber nicht wollen. Wer nicht will, muss andernorts seine Brötchen verdienen. Ein Unternehmen ist kein Sozialamt und hat Verantwortung für die anderen Mitarbeiter. Es kann nicht sein, dass Kapazitäten gebunden werden, um die Minderleistung von C-Mitarbeitern auszugleichen. Ein C-Mitarbeiter ist auch dann für einen Betrieb zu teuer, wenn er kostenlos arbeiten würde.

Immer mehr Unternehmer denken darüber nach, ob sie die richtigen Mitarbeiter haben. Die Mitarbeiter stehen an erster Stelle. Sie sind das Wertvollste, was ein Unternehmen haben kann. Haben sie zu wenige A-Mitarbeiter, werden auch diese den Betrieb verlassen, weil sie es auf Dauer nicht ertragen können, die Arbeit für andere mitmachen zu müssen. Das kann sich kein Betrieb leisten. Für Arbeitsverweigerer ist kein Platz – in keinem Unternehmen. Auch das ist soziale Verantwortung.

Wo sehen Sie sich? Denken Sie mit im Sinne des Unternehmens? Wie ist es um Ihre Bemühung, Ihren Einsatz und Ihre Anstrengung bestellt? Sind Sie nur beschäftigt oder auch produktiv? Machen Sie Verbesserungsvorschläge? Entwickeln Sie die Fähigkeit, mit der Zeit zu gehen oder werden Sie mit der Zeit gehen (müssen)?

Glauben Sie an das, was Sie tun und fühlen Sie sich als Teil einer größeren Vision?

„Der einzige Weg,
um wirklich zufrieden zu sein.
ist, etwas zu tun,
von dem Du überzeugt bist,
dass es eine großartige Arbeit ist.“
(Steve Jobs)

Wenn Sie Frust bei Ihrer jetzigen Arbeit haben, suchen Sie sich eine Arbeitsstelle, bei der Sie sich voll einbringen können. Wenn Sie sich montags nicht auf die Arbeit freuen können, könnten Sie über Veränderungen nachdenken. Wenn Sie das Gefühl haben, Ihr Lohn komme einem Schmerzensgeld gleich, können Sie diesem Zustand durch Kündigung ein Ende bereiten. Sie haben die Wahl. Wenn Sie sich zum Bleiben entscheiden, erbringen Sie auch die entsprechende Leistung. Wenn Sie nur über Ihren Arbeitgeber schimpfen können, sollten Sie über einen Wechsel nachdenken, bevor es Ihr Arbeitgeber tut.

Wenn es in Ihrem Betrieb keine Vision gibt, hinter der Sie stehen können, wird es auf Dauer nicht einfach, mehr zu leisten. Sie wollen sicher auch Teil eines großen Ganzen sein. Wenn das nicht möglich ist, verlassen Sie das Schiff. Gehen Sie dahin, wo man viel von Ihnen erwartet und Sie fordert. Dort werden Sie Ihr Potenzial entfalten können und wachsen.

„Befasse Dich mit Dingen,
die Du interessant findest,
und wenn Du darin wirklich gut bist,
dann wirst Du auch eine Möglichkeit finden,
daraus Kapital zu schlagen.“

(Cris Young)

Gehen Sie mit Freude zur Arbeit und Sie werden die Aufgaben leichter bewältigen und Ihren vollen Einsatz geben können. Verleihen Sie Ihrer Tätigkeit einen Sinn. Bauen Sie Ihre Kompetenzen stetig auf und aus. Zeigen Sie Leidenschaft zur Sache und Freude an Ihrer Arbeit. Lieben Sie, was Sie tun und stellen Sie höhere Ansprüche an sich selbst.

*„Je mehr Vergnügen Du
an Deiner Arbeit hast,
umso besser
wird sie bezahlt.“*

(Mark Twain)

Leisten Sie schlichtweg mehr, damit Sie Ihren Wert behalten. Geben Sie mehr als man von Ihnen erwartet. Eignen Sie sich Wissen an und sorgen Sie dafür, dass Sie dieses Wissen in Können umwandeln.

Wählen Sie einen Beruf, bei dem Sie Freude haben, gehen Sie einer Beschäftigung nach, die Sie erfüllt. Erledigen Sie die Arbeiten in Ihrem Beruf mit Leidenschaft und die Zeit wird keine Rolle spielen. Machen Sie Ihre Leidenschaft zum Beruf!

Wenn Sie Ihre Arbeit nicht gerne machen, suchen Sie so lange, bis Sie eine gefunden haben, die Ihnen Freude bereitet. Legen Sie Ihre Aufmerksamkeit auf das, was Sie können. Stellen Sie sich vor, wie Sie die eigene Vermarktung bei Ihrem Arbeitgeber voranbringen können. Gehen Sie den Weg vom **Wollen** über das **Tun** zum **Können**.

Sie werden es vielleicht kaum glauben wollen: Ich erhole mich bei der Arbeit. Jeden Tag freue ich mich auf meinen Schreibtisch. Daraus ziehe ich einen so großen Wert für mich, dass mir die Arbeitszeit egal ist. Ich brauche keinen Urlaub, kein Wochenende. Ich wünsche Ihnen, dass auch Sie eine Arbeit haben oder finden, die Sie begeistert und bei der es Ihnen ebenfalls unwichtig ist, wie viel Zeit Sie damit verbringen. Wenn Sie mit Begeisterung Ihre Arbeit machen, werden Sie niemals einen Burn-out behandeln müssen.

„Wähle einen Beruf,
den Du liebst,
und Du brauchst
keinen Tag
in Deinem Leben
mehr zu arbeiten."

(Konfuzius)

Meine Enkelin Rebecca hat den Schulabschluss in der Gesamtschule mit Qualifikation zum Gymnasium abgelegt. Sie wollte auf dieser Schule nicht weitermachen, ihr reicht das Fachabitur. Dazu braucht Sie ein schulbegleitendes Jahrespraktikum, welches sie sich selbst organisiert hat. Sie geht mit Begeisterung zu ihrer Arbeitsstelle.

Einer ihrer Schulkameraden wollte gern Schreiner werden und hatte bereits mehr als 40 Absagen erhalten. Deshalb war er demotiviert, weitere Bewerbungen zu schreiben. Was soll sich an seiner Situation ändern, wenn er seine Zukunft nicht selbst in die Hand nimmt? Er verbrachte viel Zeit mit dem Spielen auf seinem Handy. Unnütze Zeit. Sinnvoll wäre es aus meiner Sicht, er würde sich die Kontaktdaten aller Schreinereien aus der Umgebung besorgen und dort nach einem Ausbildungsplatz nachfragen. Wenn er den näheren Umkreis abgegrast hat, könnte er den Kreis erweitern. Wenn es sein Ziel ist, Schreiner zu werden, dann sollte er nicht frustriert bei 40 Absagen aufhören. Er sollte jeden, aber jeden Tag nach einer Möglichkeit suchen, doch noch einen Ausbildungsplatz zu finden. Vielleicht muss er 200 oder 500 Schreinereien anrufen, muss bereit sein, an den Ausbildungsort umzuziehen. Stattdessen spielt er lieber mit Frust an seinem Handy. Dann wird sich nichts ändern. Dann nutzt ihm auch seine Intelligenz nichts. Aus seiner Not heraus geht er jetzt weiter zur Schule und möchte das Fachabitur erwerben. Hat das etwas mit dem Beruf des Schreiners zu tun? Der weitere Schulbesuch würde meines Erachtens Sinn machen, wenn er sich parallel um einen Ausbildungsplatz bemühen würde. Schließlich ist es sein Ziel, Schreiner zu werden. Da nutzt es nichts, sich darauf erst wieder zum Ende des aktuellen Schuljahres zu besinnen.

Wie werden Sie in Ihrem Beruf wertvoller? Wenn Sie die Antworten auf drei Fragen finden, werden Sie beruflich sehr viel weiterkommen. Meine drei Fragen: Was kommt rein? Was geht raus? Wo bleibt der Rest?

Die Antworten auf diese Fragen haben mir in allen Verwendungen sehr viel geholfen.

Die Antwort auf „Was kommt rein?“ zeigt Ihnen, welche Aufgaben anliegen, was im Posteingang liegt, wie die Aufgabenstellung ist, welches Problem vorhanden ist, um welchen Auftrag es geht, was erwartet wird. Bei Bestellungen, wer bestellt, was bestellt wird. Am Arbeitsplatz also sämtliche Angelegenheiten. Kümmern Sie sich auch um die Angelegenheiten Ihrer Kolleginnen und Kollegen. Je mehr Sie darüber wissen, was „reinkommt“, umso mehr wissen Sie über Internes Bescheid, umso wertvoller werden Sie. Interessieren Sie sich für die Aufgabenstellungen an anderen Arbeitsplätzen. Ich habe Personen kennengelernt, die hatten nach zwei Jahren noch keinen Überblick darüber, was um sie herum passiert. Das ist nicht hinnehmbar.

Wenn Sie 110% Einsatz geben, wird es nicht lange dauern und Sie werden auch mehr Bezahlung erhalten. Sie werden in Gesprächen den Mehrwert für das Unternehmen belegen können. Geben Sie mehr Wert und Sie werden für höhere Aufgaben eingesetzt werden oder Sie wechseln die Arbeitsstelle, weil Sie wegen Ihres Wertes wechseln werden.

Bei „Was geht raus?“ sehen Sie, wer den Vorgang bearbeitet hat, wie die Formulierungen sind, welche Qualität den Arbeitsplatz, das Werk verlässt. Sie sehen, wer letztlich zuständig war und welche Formerfordernisse es gibt. Sie erfahren etwas über Zuständigkeiten, Formulare, Hierarchien, Verpackung, Abläufe, Lager etc. Schauen Sie, was verbessert werden kann. Werden Sie aktiv und akzeptieren Sie nicht den Zustand, wie Sie ihn vorfinden. Ändern Sie im Rahmen Ihrer Zuständigkeiten und Möglichkeiten Verfahrensabläufe zum Wohle Ihres Arbeitgebers – in Abstimmung mit Ihrem Arbeitgeber. Es gibt immer Verbesserungsmöglichkeiten. Schauen Sie hin und bringen Sie Vorschläge. Letztlich tun Sie es für sich selbst. Wann haben Sie den letzten Verbesserungsvorschlag eingebracht?

Wenn Sie die Frage nach dem Verbleib des Restes beantworten können, wissen Sie, wie die Ablage funktioniert, in welchem Schreibtisch etwas „verschwunden“ sein könnte, was auf Terminvorlage liegt, wie das Archiv organisiert ist, welche Technik benötigt wird, wie das Lager organisiert ist, wo die Ersatzteile liegen, was Ihre Kollegen zu tun haben usw. Sie kommen auf „geheimes“ Wissen, decken „Herrschaftswissen“ auf und werden es für sich selbst verwenden können. Sie werden die informellen Verbindungen finden und nutzen können.

Beantworten Sie sich diese Fragen und Sie werden mehr wissen als Ihre Kollegen. Sie werden mit der Technik um Sie herum vertraut sein, wissen, was zu welchem Zeitpunkt bestellt werden muss. Sie werden

Ihren Kollegen eine Hilfe sein. Ohne Sie wird man nicht auskommen. Machen Sie den Unterschied auch gegen den Widerstand oder gar gegen die Feindseligkeiten der Kollegen.

Hinterfragen Sie mutig, was Sie nicht verstehen. Die anderen werden es Ihnen danken, denn sie verstehen es möglicherweise auch nicht und sind froh, wenn jemand anderes die Initiative ergreift. Bleiben Sie wissbegierig.

Diese Tipps können Sie an nahezu jedem Arbeitsplatz umsetzen. Finden Sie heraus, was Sie in welcher Form übertragen können.

Wenn Sie ein Mail-Aufbewahrer sind, löschen Sie täglich beispielsweise 50 Mails und Ihr Postfach wird irgendwann leer sein. Erstellen Sie Regeln für Ihr Postfach, damit dieses übersichtlicher wird. Schauen Sie, was automatisiert werden kann. Apropos Mails: Jetzt lese ich abends keine Mails mehr. Früher hatte ich die fixe Idee, dass ich abends noch alle eingegangenen Mails beantworten müsste. Ich war dafür bekannt, auch spät in der Nacht noch zu antworten. Das habe ich abgestellt. Es reicht mir, die Mails am nächsten Morgen zu beantworten. Ich belaste mich seither nachts nicht mehr mit Problemen. Abschalten tut gut.

Kümmern Sie sich jeden Tag zehn Minuten lang um Ihre Ablage bzw. Ihren Schreibtisch und Sie werden ein aufgeräumtes Büro haben und alles sofort ohne Suchen in Ihrem System finden. Die gewonnene Zeit setzen Sie ein, um andere Aufgaben zu erledigen. Arbeiten Sie effizienter und lassen sich z.B. nicht von jeder eingehenden Mail unterbrechen. Arbeiten Sie in Zeitblöcken. Lesen Sie beispielsweise Ihre Mails nur in zwei oder drei Zeitblöcken und vermeiden Sie Störungen durch Piep-Signale, die Ihnen wieder mal zeigen, dass eine Mail eingegangen ist. Wenn Sie die Benachrichtigung für eingehende Mails abschalten, werden Sie nicht von Ihrer Aufgabe abgelenkt, Sie sind nicht so neugierig, doch schnell in die Mail zu schauen. Dadurch können Sie konzentrierter arbeiten, machen weniger Fehler und bringen mehr Qualität in Ihre Arbeitsergebnisse. Erledigen Sie nötige Telefonanrufe oder Rückrufe hintereinander, damit Sie danach konzentriert an einem Projekt arbeiten können. Machen Sie stets mehr als von Ihnen erwartet wird. Das gilt nicht nur für Schreibtischtätigkeiten.

Organisieren Sie sich Ihren Arbeitsplatz. Wenn Sie für eine bestimmte Aufgabe ins Internet müssen, wählen Sie eine neutrale Startseite, damit Sie nicht von aktuellen Nachrichten abgelenkt werden. Lassen Sie sich nicht von WhatsApp-Nachrichten unterbrechen. Wenn Sie sich während Ihrer Arbeitszeit häufig mit Privatnachrichten beschäftigen, bestehlen Sie Ihren Arbeitgeber.

Bauen Sie sich ein Netzwerk auf. Sorgen Sie im Netzwerk dafür, dass Sie anderen helfen. Bringen Sie Ihre Expertise in das Netzwerk ein. Bringen Sie Menschen zusammen, die sich ergänzen und einen Nutzen daraus ziehen können, dass gesuchte Fähigkeiten in Ihrem Netzwerk vorhanden sind. Zapfen Sie niemals das Netzwerk an, ohne vorher selbst etwas in das Netzwerk gegeben zu haben. Bauen Sie Ihren Erfolg auf dem Dienst an anderen auf und nicht auf deren Kosten. Legen Sie sich eine positive Einstellung zu sich selbst zu. Und wissen Sie, dass ohne Anstrengung nichts laufen wird.

Sie sind verantwortlich dafür, ob Sie eine Ausbildungsstelle bekommen oder einen Beruf ausüben, der Ihnen

Spaß macht. Wenn Sie sich nicht vorstellen können, dass Sie 14 Tage kostenlos arbeiten und Ihre Qualitäten auch mal ohne Bezahlung zum Vorschein bringen werden, wird sich kaum etwas ändern. Wenn Sie sich ausschließlich auf Stellenanzeigen bewerben, sind Sie mit Sicherheit nicht der einzige Bewerber. Sie stehen in direktem Vergleich zu den anderen Bewerbern. Was macht den Unterschied? Können Sie diesen kommunizieren?

Vielleicht stecken Sie auch in der Falle „Ich bin nicht gut genug". Davon sollten Sie sich lösen. Das wird Ihnen gelingen, wenn Sie Ihr Selbstbewusstsein verbessert haben. Das verbessert sich automatisch, wenn Sie mit Spaß und Freude bei Ihrer Arbeit sind und mehr Einsatz zeigen können. Selbstbewusstsein wiederum führt zu mehr Selbstvertrauen. Ihre Leistung wird in Ihrem Unternehmen nicht unbemerkt bleiben. Lassen Sie sich nicht davon abschrecken, dass es immer jemand geben wird, der bessere Leistung als Sie erbringt. Trotzdem können Sie anfangen, es diesem Jemand gleichzutun und von ihm zu lernen. Machen Sie den positiven Unterschied. Was macht Sie für andere Menschen so wertvoll? Wodurch können andere mit Ihrer Hilfe größer werden? Was können Sie, das andere Menschen im Leben hilft?

Seien Sie sich bewusst, dass niemand perfekt ist. Warum wollen Sie es sein? Halten Sie aus, unperfekt zu sein! Sie sind so wie Sie sind in Ordnung. Sie können lernen, zu sich zu stehen. Sollten Sie allerdings ein schlechtes Beispiel geben, wäre ein Nachdenken angebracht, und zwar, bevor sich andere von Ihnen abwenden.

Man sagt, dass sich Männer erfolgreicher bewerben als Frauen. Das mag daran liegen, dass viele Männer das Bewusstsein haben, zwei von fünf Ausschreibungskriterien zu erfüllen, diese ausreichen würden und sich deshalb auch bewerben, während die meisten Frauen vier der geforderten Bedingungen vorweisen können, aber sich wegen des fehlenden fünften Punktes nicht bewerben wollen. Bewerben Sie sich mit Selbstbewusstsein und vermitteln Sie Ihrem künftigen Arbeitgeber den Nutzen, den er mit Ihrer Einstellung haben wird!

Warum soll Sie ein Arbeitgeber einstellen? Weil er sozial eingestellt ist und Sie das Geld brauchen? Mitnichten. Noch einmal: Welchen Wert bieten Sie Ihrem Arbeitgeber? Mit Ihrem Arbeitgeber gehen Sie einen Vertrag ein: Sie tauschen in diesem Arbeitsverhältnis Zeit gegen Geld. Diese Arbeitszeit hat einen bestimmten Wert, zunächst den Wert, den der Arbeitgeber festlegt, dann aber den Wert, den Sie ihr geben.

Der Arbeitgeber hat Anspruch darauf, dass Sie ihm Ihre Zeit entsprechend der Vereinbarung zur Verfügung stellen. Machen Sie mehr daraus. Wenn Sie eine Gehaltserhöhung möchten, zeigen Sie Ihrem Arbeitgeber, welchen Mehrwert er durch Ihre Arbeit hat. Nur wenn Sie ihm mehr Wert bieten und das sichtbar machen, wird er auch mehr bezahlen.

Die Verantwortung für Ihren Wert liegt allein bei Ihnen. Der Arbeitgeber schuldet Ihnen den Arbeitsplatz und die Arbeitsmittel, damit Sie Ihre Aufgaben erfüllen können. Es liegt an Ihnen, nach dem für Sie optimal Erreichbaren zu streben und dafür die Leistungen zu bringen. Das wird Ihren Kollegen nicht passen. Aber das sollte Ihnen egal sein. Es geht um Sie!

Es wird nicht einfach sein. Das sollten Sie sich auch nicht wünschen. Wünschen Sie sich, dass Sie besser werden und Sie werden gut damit umgehen können. Auch ich habe mir keine Freunde gemacht, als ich bei meiner Verabschiedung anlässlich einer Versetzung von meinen Kameraden gefordert habe „Leistet mehr, damit Ihr Euren Wert behaltet."

Wenn Sie nicht bereit sind, den vollen Einsatz an Ihrem Arbeitsplatz zu geben, gehen Sie dorthin, wo man Ihnen Geld für Ihre Anwesenheit bezahlt. Da wird es allerdings nicht viele Möglichkeiten geben. Auch wenn zurzeit viele Firmen Fachkräfte suchen, wird nicht jeder eingestellt. Es macht sich die Überzeugung breit, dass nur A-Mitarbeiter eingestellt werden. Lieber niemand einstellen, als sich mit einem C-Mitarbeiter belasten.

- Wodurch haben Sie heute alles in Ihrem Beruf gegeben?
- Was haben Sie zum Wohl Ihres Unternehmens beigetragen?
- An welchem Projekt haben Sie heute fokussiert gearbeitet?
- Welches Verbesserungspotenzial haben Sie in Ihrem Betrieb entdeckt?
- Wodurch sind Sie heute wertvoller für Ihr Unternehmen und Ihre Kollegen geworden?

Wie halten Sie es mit Familie / Freunden / Beziehungen?

Beziehungen sind sehr wichtig. Eine gute Beziehung fällt Ihnen aber nicht einfach zu. Sie macht Arbeit, Arbeit, Arbeit! Sie müssen bereit sein, Ihre Beziehungen zu pflegen.

Erwarten Sie nicht, dass Ihr Partner nur für Sie da ist. Kehren Sie doch mal den Gedanken um: Sie sind für Ihren Partner da. Wenn Sie anfangen, in Ihre Partnerschaft Zeit und Aufmerksamkeit zu investieren, wird das Ihr Partner auch machen, auch wenn es dauert. Wenn nicht, haben Sie langfristig vermutlich den falschen Partner. Nehmen Sie sich Zeit und zeigen Sie Ihrem Partner Ihre Zuneigung. Das müssen keine Geschenke sein. Planen Sie in der Woche Zeit ein, um Ihre Partnerschaft zu hegen. Bei meiner Frau und mir dauert jetzt jede Mahlzeit mindestens zehn Minuten länger, weil wir uns unterhalten. Dabei stelle ich immer wieder fest, dass meine Frau mehr in der Vergangenheit verhangen ist, während ich mich überwiegend mit der Zukunft beschäftige. Es ist für mich nun eine schwierige Aufgabe, mich weniger mit der Zukunft zu befassen und meine Frau dazu zu bringen, sich weniger der Vergangenheit zu widmen. Was nützt es, an etwas festzuhalten, das sich in der Vergangenheit abgespielt hat? Vor allem, wenn es sich um negative Erinnerungen handelt. Es ist vergangen und wir können nichts mehr daran ändern. Wir sind uns einig, dass wir schon in die Zukunft schauen, Unabänderliches aus der Vergangenheit loslassen und mehr im Jetzt sein wollen.

Leben auch Sie nur in Ihrer Geschichte oder gestalten Sie schon Ihr zukünftiges Leben?

Ist es nicht verwunderlich, dass eine Liebesbeziehung im Laufe der Zeit nicht mehr so rosig ist wie in der Zeit nach dem Kennenlernen, als noch „Schmetterlinge im Bauch" waren und die Aufregung vor einem Treffen groß war? Damals haben Sie Ihren Partner umworben und dafür all seine Sinne angesprochen, Sie haben Ihre Energie auf den Partner ausgerichtet und er seine auf Sie.

Im Laufe der Zeit werden Sie vielleicht nur noch gesagt haben, dass Sie Ihren Partner lieben, während er aber mehr seinen Sehsinn nutzt. Oder Ihr Partner empfindet die Zuneigung über Berührung intensiver. Wenn Sie nur etwas für Augen und Ohren liefern, erreichen Ihre Liebesbekundungen Ihren Partner nicht, wenn er auf Berührung anspricht. Nehmen Sie Ihren Partner wieder bewusst wahr und versuchen Sie herauszufinden, wie Sie ihm Ihre Zuneigung vermitteln können. Und Sie werden sehen, wie Ihre Beziehung wieder auflebt.

Verbringen Sie mit Ihrem Partner mehr „Qualitätszeit", Zeit, die Sie ausschließlich mit ihm verbringen. Sprechen Sie mit ihm und erinnern Sie sich an Ihr Kennenlernen. Worüber hat sich Ihr Partner besonders gefreut? Nutzen Sie jede sich bietende Gelegenheit. Fragen Sie Ihren Partner häufiger, wie es ihm geht und was Sie für ihn tun können. Es ist selbstverständlich, dass Ihnen während Ihrer gemeinsamen Zeit das Smartphone nicht wichtig sein sollte.

In vielen Partnerschaften kommt die Beziehung ins Wanken, wenn keine gemeinsame Vision von der Zukunft vorhanden ist und man sich darüber hinaus nicht die Wahrheit sagt. So entfernt man sich innerlich immer mehr vom Partner und Misstrauen füllt den Raum. Bemühen Sie sich redlich, immer das Positive in Ihrem Partner zu sehen und gehen Sie offen miteinander um.

Mit meiner Frau bin ich seit 1972 verheiratet. Wir waren und sind uns einig, wohin wir im Leben wollen. Und auch darüber, dass wir es gemeinsam wollen. Der gemeinsame Weg war nicht immer einfach. Gemeinsam haben wir die Steine aus unserem Weg weggeräumt und schwierige Zeiten zusammen gemeistert. Dabei hat mich meine Frau immer unterstützt und zu mir gestanden, mir den Rücken freigehalten. Eine großartige Frau, der vor allem die Familie wichtig ist und die viel Herzenswärme ausstrahlt.

Treffen Sie regelmäßig Ihre Freunde, allerdings nur diejenigen, die Sie nicht herunterziehen, sondern diejenigen, die Sie weiterbringen. Pflegen Sie Freundschaften mit Menschen, die Sie Ihr Leben leben lassen und die Sie so mögen wie Sie sind. Mit den anderen sollten Sie die gemeinsame Zeit reduzieren oder notfalls ganz auf solche Kontakte verzichten, allen voran diejenigen, die Ihnen Ihre eigenen Vorstellungen nehmen wollen und damit auch versuchen, deren Einflüsse zu festigen.

„Ein Freund ist jemand,
in dessen Gegenwart
Du laut denken kannst."

(Walt Disney)

Bauen Sie sich ein Netzwerk auf, das Sie beruflich und privat inspiriert und weiterbringt. Gründen Sie z.B. eine Empfehlungsgemeinschaft. In dieser Gemeinschaft loben Sie sich gegenseitig gegenüber Dritten. Die Wirkung dieser Selbstvermarktung ist nicht zu unterschätzen.

Investieren Sie in gemeinsame und bleibende Erinnerungen, damit Sie sich Referenzwerte schaffen, auf die Sie später zurückgreifen können.

Schauen Sie genau hin, mit wem Sie zusammen sind. Unstrittig dürfte es sein, dass Sie auch von Ihrem Umfeld geprägt werden. Wenn es stimmt, dass Sie wie die fünf Menschen sind, mit denen Sie die meiste Zeit verbringen, sollten Sie wählerisch sein. Arme Leute kennen arme Leute, Millionäre haben in ihrem Bekanntenkreis

Vermögende. Im Umfeld von Alkoholkranken werden sich auch welche finden, die gern und zu viel Alkohol trinken. Und wer über Gewicht klagt, wird in seinem Bekanntenkreis Übergewichtige haben, bei denen keine Diät dauerhaft gewirkt hat. Wer sich immer im Jammertal befindet, muss nicht weit suchen, um in seinem Umfeld auch Jammerer zu finden. Für Jammerer ist es oft die einzige Möglichkeit, Eindruck zu hinterlassen. Erkennen Sie Ihre wahren Freunde und erkennen Sie, auf wen Sie verzichten können.

Vielleicht mögen Sie sich eine Liste mit allen ihren Bekannten anlegen. Markieren Sie, von wem Sie lernen können und vermerken Sie, wer Sie herunterzieht. Ziehen Sie daraus die Konsequenzen.

Schauen Sie sich mal das Einkommen in Ihrem Bekanntenkreis an. Mit großer Wahrscheinlichkeit befinden sich alle auf gleichem Niveau. Vielleicht haben Ihre Bekannten 30-50% weniger oder mehr. Da mag es Ausnahmen geben. Sie werden überschaubar sein.

Schauen Sie sich an, wie viel Fernsehkonsum Sie selbst und Ihre Bekannten haben, wie oft Sie Ihre Zeit in Kneipen verbringen. Gibt es Unternehmer in Ihrem Bekanntenkreis? Was können Sie von Ihren Bekannten lernen?

Hören Sie vor allem selbst auf zu klagen und lassen Sie fortan nicht mehr zu, dass man in Ihrer Gegenwart jammert. Niemand soll über Zustände jammern dürfen, die man selbst verändern könnte. Und Klagen über Dinge, die außerhalb der eigenen Zuständigkeit liegen, bringen niemand weiter. Lassen Sie nicht zu, dass Ihnen die Zeit gestohlen wird, wenn über Unabänderliches gejammert wird. Es gibt Wichtigeres, als Benzinpreise zum Hauptgesprächsgegenstand zu machen. Achten Sie auf Ihre Umgebung! Schon wenn Sie weniger Zeit mit Jammerern verbringen, wird sich Ihre Wahrnehmung zum Positiven verändern. Die Welt ist nicht so schlecht, wie man Ihnen weismachen möchte.

„Bevor Du Dich
über die Dunkelheit
beklagst,
zünde lieber
eine Kerze an!"

(Konfuzius)

Geizen Sie gegenüber Ihren Mitmenschen nie mit Lob, ehrlichem Lob. Das schwäbische Sprichwort „Nicht geschimpft ist genug gelobt" sollte bei Ihnen keine Anwendung finden. Nein, sprechen Sie Anerkennung aus und bedanken Sie sich für all das, was Sie erhalten.

Erweitern Sie Ihren Bekanntenkreis. Gehen Sie auf fremde Menschen zu und überwinden Sie Ihre Scheu. Knüpfen Sie Kontakte und trauen Sie sich, diese anzusprechen. Das können Sie üben, in dem Sie Fremde auf der Straße ansprechen und nach der Uhrzeit oder nach dem Weg fragen. Gehen Sie mit Freunden zu Seminaren und nutzen Sie die Gelegenheiten, neue Kontakte zu knüpfen. Bleiben Sie mit Gleichgesinnten in Kontakt!

- Wie haben Sie heute Ihren Partner wahrgenommen?
- Wie viel Zeit haben Sie sich heute für Ihre Familie bzw. Ihren Partner genommen?
- Welches positive Gefühl haben Sie heute bei Ihrem Partner erzeugt?
- Wen haben Sie heute gelobt?

- Welchem Jammerer haben Sie heute klar gesagt, dass er mit dem Jammern aufhören soll?
- Was können Sie von Ihren Bekannten und Freunden lernen?
- Wen hätten sie gern in Ihrem Bekanntenkreis und warum?

Sind Sie bereit, Ihr Wissen bzw. Ihre Bildung zu erweitern?

Früher traf es zu, dass man nach dem Schulabschluss einen Beruf erlernt hatte und diesen ein Leben lang – meist auch in einem einzigen Betrieb – ausüben konnte. Das Wissen hatte sich in früherer Zeit vielleicht in Hundert Jahren verdoppelt. Heute verdoppelt sich das Wissen der Menschheit innerhalb von drei bis fünf Jahren oder noch schneller. Das bedeutet aber auch umgekehrt, dass Ihre einmal erworbenen Kenntnisse in der gleichen Zeit veralten. Stellen Sie sich das mal vor: In zwanzig Jahren ist Ihr jetziges Wissen nur noch wenig bis nichts mehr wert. Sie müssen also hinzulernen, unabhängig von neuen technischen Möglichkeiten, die Sie beherrschen müssen. Lebenslanges Lernen darf heute als elementar angesehen werden.

„Die Schulbildung ermöglicht
Dir Dein Leben,
Deine eigene Weiterbildung
Dein Vermögen.“

(Jim Rohn)

Das Wissen ist heute leichter denn je verfügbar. Interessante Bücher vermitteln Ihnen Wissen, im Internet können Sie zu jedem Thema recherchieren, Sie können sich auf YouTube Erklärvideos anschauen und in der realen Welt interessante Seminare besuchen. Nach Beendigung der Schule sind Sie selbst dafür verantwortlich, sich weiterzubilden. Lernen wird nie aufhören.

Wie erklären Sie in einem Bewerbungsgespräch Ihre Bildungsbereitschaft? Wann haben Sie das letzte Seminar besucht? Interessant ist hierbei, ob Sie von Ihrem Arbeitgeber zur Teilnahme verpflichtet wurden, oder ob die Teilnahme aufgrund Ihrer eigenen Initiative geschehen ist und ob Sie selbst dafür Geld ausgegeben haben. A-Mitarbeiter machen das.

Argumente, wie „Zum Lernen habe ich keine Zeit" lässt niemand gelten. Bei jedem lassen sich Zeitfenster finden, die für die Weiterbildung genutzt werden können. Zum Beispiel durch Reduzierung des Fernsehkonsums. Statistisch gesehen schaut jeder in Deutschland im Durchschnitt täglich ungefähr drei Stunden Fernsehen. Wie viel Zeit verbringen Sie vor dem Fernsehgerät, bei Netflix oder im Internet? Schon die Reduzierung um nur eine Stunde täglich macht reichlich Platz für Weiterbildung. Ein Mangel an Zeit entpuppt sich bei näherem Hinsehen als ein Mangel an Prioritäten.

„Wir haben genug Zeit,
wenn wir sie nur richtig verwenden."
(Johann Wolfgang von Goethe)

Machen Sie Schluss mit dem Konsum billiger Serien. Schluss mit jeder Form des Exzesses! Schalten Sie den Fernseher häufiger aus oder noch besser, schalten Sie ihn nur noch ausnahmsweise ein. Hören Sie auf, Negativnachrichten zu konsumieren und sich darüber auch noch aufzuregen. Hören Sie auf, während der Fahrt zur

Arbeit Radio zu hören. Hören Sie auf damit, sich berieseln zu lassen und zu den Zeiten zu konsumieren, zu denen der Sender die Information anbietet. Setzen Sie die gewonnene Zeit für Ihre Weiterbildung ein. Sie können sich zum Beispiel Podcast-Folgen anhören. 30 Minuten täglich Podcast-Hören erweitert Ihren Horizont. Das wird Ihre Motivation stärken und Sie garantiert im Beruf weiterbringen. Sie müssen nur anfangen, es zu tun. Aus einer Fülle von Themen stellen Sie also künftig Ihr eigenes Programm zusammen und hören es zum Beispiel auf dem Weg zur Arbeit.

Zur Zeit höre ich abwechselnd eine Podcastfolge von Dirk Kreuter, Sven Lorenz, Hermann Scherer, Tobias Beck, Christian Bischoff, Thomas Klussmann, Jürgen Höller, Calvin Hollywood, Lars Amend und weiteren, deren Themen mich interessieren. Interviews sind vor allem für mich interessant. Gelegentlich höre ich den Podcast von Tony Robbins, weil ich denke, dass ich damit im Laufe der Zeit mehr Englisch verstehen werde. Wenn mir die Podcastfolgen keinen Mehrwert mehr bieten, finde ich andere. Während der Autofahrt ist das Radio ausgeschaltet. Ich höre mir die Podcastfolgen an. Ein Stau stört mich nicht mehr, denn als Unterhaltung habe ich interessante Informationen.

„Arme Leute
haben große Fernseher,
reiche Leute
haben große Bibliotheken."

(Jim Rohn)

Schauen Sie zu denen, die bereits erreicht haben, was Sie erreichen wollen und Ihnen als Vorbild dienen können. Modellieren Sie das nach, was Ihnen gefällt bis Sie selbst in Ihren Fertigkeiten exzellent sind. Das können durchaus bestimmte Eigenschaften bereits verstorbener Personen sein. Lernen Sie nicht nur durch eigene Erfahrungen, sondern auch aus den Erfahrungen anderer, zum Beispiel durch Beobachten, Zuhören, Lesen. Eignen Sie sich Fähigkeiten durch Modellieren an. Finden Sie heraus, was Ihre Vorbilder gut können und wie sie das erledigen, was sie können.

Modellieren ist wie ein Rezept nachkochen oder nachbacken. Sie kennen die Zutaten, die Mengen sowie die Handlungsanweisung mit Angaben darüber, in welcher Reihenfolge die Zutaten zusammenzubringen sind, wissen über Temperatur und Dauer der Garung Bescheid. Wenn Sie bei Ihren Vorbildern genau schauen, finden Sie heraus, warum diese erfolgreich geworden sind. Nie sind erfolgreiche Menschen „über Nacht" erfolgreich geworden. Es war immer viele Jahre Einsatz erforderlich, um dann plötzlich „über Nacht" wahrnehmbar erfolgreich zu sein. Dazu mussten auch viele Niederlagen eingesteckt werden. Lernen Sie aus den Fehlern, die andere schon vor Ihnen gemacht haben, um diese und ähnliche Fehler zu vermeiden oder zumindest die Fehlerquote zu minimieren.

„Die Fehler, die wir gemacht haben,
sind Erfahrungen,
die wir machen mussten,
um die Fehler zu verhindern,
die wir noch machen könnten."

(Stefan Sarek)

Beschäftigen Sie sich mit den Biografien erfolgreicher Menschen und wählen Sie aus deren Strategien eine Fähigkeit aus, die Sie gern besitzen möchten. Was können oder müssen Sie tun, um sich davon etwas anzueignen? Das könnte z.B. Steve Jobs sein, der in seinen Funktionen bei Apple mehr „nein" zu etwas gesagt hat, als leichtfertig ein „Ja" zu geben. Jedes „Nein" ist ein „Ja" zu etwas anderem. Suchen Sie sich in Ihrem Umfeld jemanden, zu dem Sie aufblicken können. Studieren Sie Mimik, Gestik, ahmen Sie die Physiologie nach und es werden sich Ihnen neue Möglichkeiten bieten. Wem könnten oder möchten Sie selbst ein Vorbild sein?

„Das große Ziel des Lebens
ist nicht Wissen, sondern Handeln."
(Thomas Henry Huxley)

Nehmen Sie an Seminaren teil und entwickeln Sie sich zum Verwerter und nicht zum Bewerter der Informationen. Nehmen Sie aus jedem Seminar wenigstens einen Impuls mit, den Sie umsetzen werden und mokieren Sie sich nicht über Werbeblöcke in den Seminaren. Auch daraus können Sie lernen. Nehmen Sie aber genauso einen Punkt aus einem Seminar mit, was Sie künftig nicht mehr machen werden. Denn Sie müssen auch loslassen können.

Lesen Sie jeden Tag eine bestimmte Menge. Für mich sind das mindestens zehn Seiten eines Fach- oder Sachbuches bzw. ein ganzes Kapitel.

„Neugierde
und Wissensdurst
unterscheiden
die Guten von den Besseren."
(Verne Harnish)

Früher hieß es „Wissen ist Macht". Das stimmt nicht mehr, denn nur angewandtes Wissen bedeutet Macht.

Sie können so viel lernen wie Sie wollen, solange Sie das Gelernte nicht umsetzen, ist das angehäufte Wissen wertlos. Zeigen Sie, dass diejenigen, die mit „Herrschaftswissen" hinterm Berg halten, ihren Schatz umsonst bewachen. Sie haben die Möglichkeiten und sind nicht abhängig von Menschen, die auf ihrem Wissen sitzen.

Entwickeln Sie zielführende Aktivitäten und schauen Sie, dass Ihre Leistung bemerkt wird.

„Wer zulässt,
dass das Lernen sein Wissen bestimmt,
ist ein Narr.
Reich wird man,
wenn das Lernen das Handeln bestimmt."

(Jim Rohn)

Es ist erstaunlich, dass ich früher wenig Zeit zum Lesen hatte. Seit ich das Lesen fest in meiner Tagesroutine untergebracht habe, stapeln sich die gelesenen Bücher. Viele Seiten sind mit bunten Klebestreifen versehen. Das sind alles Seiten, die einen Impuls enthalten und die ich mir nochmals nach sechs bis zwölf Monaten ansehen möchte. In der Zwischenzeit habe ich vielleicht den einen oder anderen Impuls umgesetzt, mich näher damit beschäftigt oder es hat sich mein Blick auf die Dinge verändert und ich lese die Textstellen mit anderen Augen.

Ich habe es mir zur Gewohnheit gemacht, im Jahr an zwei Seminaren teilzunehmen. Ob nun Marc Galal mit Neuro-Linguistischer Programmierung oder Thomas Klussmann mit der Veranstaltung CONTRA (Conversion and Traffic), Dirk Kreuter mit der Vertriebsoffensive und andere, überall finde ich interessante Themen und vor Ort Gleichgesinnte.

„Eine Investition
in Wissen
bringt immer noch
die besten Zinsen."

(Benjamin Franklin)

Noch einmal: Nur die Anhäufung von Wissen wird Sie nicht weiterbringen. Lernen Sie, eignen Sie sich Wissen an, aber setzen Sie es vor allem um! Finden Sie einen Weg, Gehörtes, Gesehenes oder Gelesenes als Extrakt aufzuzeichnen, damit Sie einen Impuls auch umsetzen können und ihn nicht vergessen.

Bei Webinaren nutze ich einen zweiten Bildschirm. Auf einem Bildschirm verfolge ich das Webinar. Auf dem zweiten habe ich eine Textverarbeitung geöffnet und tippe meine Notizen ein. Von einigen Folien fertige ich mir eine Bildschirmkopie an und speichere diese ab.

Achten Sie auf ein Gleichgewicht zwischen Wissen und Anwendung. Mit der Umsetzung gewinnen Sie an Erfahrung. Sie lernen durch Erfahrung und Wiederholung, es ist ein ständiger Verbesserungsprozess.

„Ein Misserfolg ist die Chance,
es beim nächsten Mal besser zu machen."

(Henry Ford)

Sie können noch so viel wissen – in vielen anderen Disziplinen bleiben Sie Schüler. Das sollten Sie sich auch bewahren. Bleiben Sie neugierig. Der richtige Lehrer wird in Ihr Leben kommen, wenn Sie als Schüler aufnahmebereit sind.

*„Wenn Du in einer Disziplin Meister bist,
wird es Zeit,
dass Du woanders Schüler wirst."*
(Dirk Kreuter)

- Von wem möchten Sie sich inspirieren lassen?
- Für welchen Podcast haben Sie sich entschieden?
- Welche Seminare sind interessant für Sie?
- Wen werden Sie modellieren?
- Wie haben Sie heute in sich investiert?
- Welche positiven Eigenschaften schauen Sie sich von anderen ab?
- Welches Buch werden Sie als nächstes lesen?

Was tun Sie für Ihre Gesundheit, Ihre Ernährung, Ihre Fitness?

Das ist ein weites Feld. Fangen Sie zunächst mit einer Bestandsaufnahme an. Treiben Sie überhaupt Sport, ernähren Sie sich gesund, sind Sie fit? Was tun Sie zurzeit für Ihre Gesundheit? Wie oft und wie intensiv beschäftigen Sie sich mit Gesundheitsfragen?

Obwohl ich viele, viele Jahre bei der Bundeswehr war und dort Sport immer sehr wichtig war, war ich nie motiviert, mich sportlich zu betätigen. Ich hielt es mehr mit Winston Churchill und „Sport ist Mord". Ich wollte keinen Sport treiben, weil ich in diesem Bereich nur mäßige Leistungen erbringen konnte. Deshalb habe ich mich lieber in die Arbeit vergraben, bei der ich auch Anerkennung erhalten konnte. Mir ist klar, dass das auf Dauer keine Lösung war und die körperliche Leistungsfähigkeit im Alter abnehmen wird. Will ich zulassen, dass mir irgendwann das Treppensteigen Probleme machen wird?

Meine Leistungsfähigkeit wird dramatisch abnehmen, wenn ich zwar die Erkenntnis habe, dass es so sein wird und nichts, aber auch gar nichts dagegen tue. Da habe ich eingesehen, dass ich sportlich etwas aktiv werden muss. Mit später Einsicht integrierte ich minimal Sport in meinen Tagesablauf.

Jeden Tag laufe ich zwei Kilometer, egal ob Sonn- oder Feiertag, egal bei welchem Wetter, auch bei Frost und auch dann, wenn ich ausnahmsweise erst um 03:00 Uhr ins Bett gekommen bin. Dazu stehe ich seit dem 1.4.2017 um 05:15 Uhr auf. Im Badezimmer mache ich mindestens 15 Liegestütze, ziehe den Sportanzug an und laufe los. Jeden Tag die gleiche Strecke, einmal zuerst den Berg hinauf und am nächsten Tag in die andere Richtung. Ich laufe dabei nicht die gesamte Strecke, sondern bevorzuge Intervalle. Wenn ich aber nach Hause komme, merke ich die Anstrengung. Es folgen kleine Dehn- und Streckübungen. Mir kommt es bei meinem Sport darauf an, dass ich mit 90 Jahren noch so fit bin, dass ich keine Hilfsmittel zur Fortbewegung benötigen werde und es von der Ausdauer dann mit einem untrainierten 30-Jährigen aufnehmen kann.

Als ich mit dem Laufen anfing, hatte ich die Erwartung, dass ich nach einem halben Jahr die Strecke erweitern könnte. Das ist nicht eingetreten. Darüber mache ich mir auch keine Gedanken. Es reicht mir, wenn ich diese Strecke absolviert habe.

Nach dem Ausschnaufen trinke ich einen halben Liter warmes Wasser, danach dusche ich. Ich höre nach dem Frühstück ca. 30 Minuten einen inspirierenden Podcast und lese mindestens zehn Seiten in einem Buch. Danach habe ich die größte Energie und nutze diese, um vier Stunden an den wichtigen Aufgaben des Tages zu arbeiten. Abends vor dem Schlafengehen mache ich mindestens zehn Liegestütze und gelegentlich einen Unterarmstütz. Dabei stütze ich mich auf die Unterarme ab, halte den Rücken gestreckt und verharre in dieser Position ca. eine Minute.

Finden Sie für sich die kleinste Einheit, um sportlich aktiv zu werden. Was Sie machen ist egal. Nehmen Sie als Beispiel Liegestütze. Die kleinste Einheit für Liegestütze ist genau ein Liegestütz. Und wenn Sie schon für einen einzigen Liegestütz auf dem Boden liegen, können Sie gleich so viele machen, wie Sie gerade können. Wichtig ist, dass Sie jeden Tag zu einer bestimmten Zeit diesen einen Liegestütz machen. Wenn Sie im Bett liegen und feststellen, dass Sie diesen einen Liegestütz noch nicht gemacht haben, stehen Sie wieder auf und erledigen das! Vielleicht ist es für Sie sowieso einfacher, die Liegestütze immer vor dem Zubettgehen zu erledigen.

Wenn Sie sich bewegen müssen oder möchten, ziehen Sie den Sportanzug an und laufen wenigstens hundert Meter. Hundert Meter dürften die kleinste Einheit sein. Und wenn Sie schon beim Laufen sind, werden Sie auch weiterlaufen. Laufen Sie dann so weit wie Sie können, aber jeden Tag wenigstens einhundert Meter. Planen Sie solche Aktivitäten zur täglichen Routine ein und machen Sie sie sich zur Gewohnheit. Wetterunabhängig. Wenn Sie nicht laufen können, gehen Sie.

Entwickeln Sie eine Vorstellung davon, wie vital Sie sind. Je plastischer Sie sich das vorstellen können, umso leichter werden Sie bereit sein, auch etwas dafür zu tun.

„Gesund zu sein bedeutet,
aktiv dafür zu sorgen,
nicht krank zu werden."
(Melanie Vogel)

Mit dem Thema Ernährung habe ich mich noch nicht so sehr beschäftigt. Ich habe vor, bewusster zu essen. Das fängt schon damit an, dass ich mir mehr Zeit für die Einnahme der Mahlzeiten nehme. Ob nun drei oder fünf Mahlzeiten besser sind, oder nur 20 Minuten essen und dafür mehr kauen, ob ein Intervall-Fasten, bei dem innerhalb von acht Stunden gegessen werden kann, aber danach 16 Stunden keine Nahrung aufgenommen wird, das Richtige ist, ich weiß es nicht. Die Aussagen der Experten erscheinen mir aber logisch. Bewusster essen und kleinere Mengen zu sich zu nehmen macht für mich Sinn. Wenn es stimmt, dass die Fettverbrennung erst nach zwölf Stunden einsetzt, schadet ein leichtes Hungergefühl nicht. Es macht also Sinn, die tägliche Nahrungsmenge zu reduzieren, diese nur innerhalb von acht Stunden aufzunehmen und dann 16 Stunden nichts mehr zu essen. Erwiesen ist auch, dass weniger essen die Lebenszeit verlängert. Vor allem wasserhaltige Nahrung wie Obst und Gemüse sollten wir zu uns nehmen. Nahrungsergänzungsmittel sind noch kein Thema für mich.

Eine ausgewogene Ernährung ist immer richtig. Viel Gemüse. Ich habe auch schon das Verhältnis von Fleisch zu Gemüse auf 1/3 Fleisch zu 2/3 Gemüse verändert oder nehme überwiegend Nahrung zu mir, die keine

Angaben zu den Inhaltsstoffen benötigt. Auch achte ich darauf, weniger Kohlehydrate aufzunehmen.

Ob nun zum Essen etwas getrunken wird, oder ob 30 Minuten Zeitdifferenz zwischen dem Einnehmen der Mahlzeit und dem Trinken liegen sollen, weil die Magensäure nicht verdünnt werden soll, mag richtig sein, ich trinke gewohnheitsmäßig zum Essen. Ob vegetarisch oder vegan das Beste ist, darüber streiten selbst die Wissenschaftler. Für jede Richtung gibt es eine wissenschaftliche Begründung.

Ob Fisch nicht mit Reis, Fleisch nicht mit Kartoffeln und Brot nicht mit Käse kombiniert werden soll, weil Kohlehydrate und Proteine zusammen gegessen, den Magen belasten würden, erscheint mir noch nicht einsichtig. Hier werde ich meine Gewohnheiten vermutlich nicht ändern.

Ernährungsexperten empfehlen bestimmte Mengen an Gemüse, Eiweiß und Wasser. Danach sollten täglich pro Kilogramm Körpergewicht 10 g Gemüse gegessen werden und 1,5 g bis 2 g Eiweiß. Täglich soll man reichlich Wasser trinken, 30-40 ml pro Kilo Körpergewicht. Nach diesem Maßstab trinke ich eindeutig zu wenig.

Obst soll auf leeren Magen gegessen werden, weil dieses direkt zum Dünndarm gelangt und nur dort die Nährstoffe aus dem Obst entzogen werden können. Ob der Mensch nur 30 g Protein am Tag benötigt und zu 70 Prozent wasserhaltige Nahrung zu sich nehmen soll, um die biochemischen Vorgänge zu optimieren, mag alles richtig sein. Das sind interessante Ansatzpunkte, mit denen man sich beschäftigen kann. Ich gestehe, mich verwirrt das alles. Verdauung und Stoffwechsel sind komplexe Themen. Und weil es mir zu kompliziert ist, brauche ich einfach strukturierte Anweisungen. Und sie müssen mir einleuchten.

Das ist alles sehr komplex und überfordert mich sogar etwas. Bei mir funktioniert die richtige Ernährung deshalb nicht immer – noch nicht. Weil ich darauf noch nicht so achte, wie es sicher nötig wäre. Und was ist überhaupt die richtige Ernährung? Bewusster essen und den Geschmack genießen, das ist schon mal ein Anfang. Ich esse noch zu festen Zeiten, das wird sich aber zunehmend dahingehend verändern, dass ich esse, wenn ich Hunger verspüre. Ich esse das, was mir schmeckt und genieße, weil ich bewusst esse. Ich höre auf, wenn ich satt bin. Essen ist es wert, dass es zelebriert wird.

Ich werde mich zukünftig auch etwas mit Stoffwechsel beschäftigen. Und wenn ich verstanden habe, wie das abläuft, folgt vermutlich auch eine Änderung in meinen Essgewohnheiten. Ich esse, was ich gerade intuitiv möchte und lege mich nicht fest. Auf jeden Fall mache ich keine Diät. Die richtige Ernährung braucht bestimmt keine und findet erst mal im Kopf statt. Ich esse schon weniger Süßigkeiten, trinke sowieso keine zuckerhaltigen Getränke und halte Versuchungen stand, weil ich durch die bewusste Ernährung keinen Heißhunger mehr verspüre. Aber den richtigen Weg habe ich noch nicht gefunden. Seit ich aber bewusster esse, macht es auch Spaß, darüber nachzudenken und Empfehlungen zu hinterfragen. Was jeder machen kann, ist, sich Zeit zum Essen zu nehmen, kleinere Bissen zu essen und länger zu kauen, damit für den Magen schon ordentlich Vorarbeit geleistet wird. Und zum Essen ist kein Smartphone nötig. Wenn ich esse, dann esse ich, sehr gerne verbunden mit Gesprächen.

Zur Ernährungssituation fällt mir eine Begebenheit ein. Ich erinnere mich an einen Markt, auf dem es u.a. Süßigkeiten zu total reduzierten Preisen gab. So hatte ein Karton mit zwölf Tüten Chips nur drei Euro gekostet. Vor mir ging ein etwa dreijähriges Kind neben einem Kinderwagen, begleitet von seinen Eltern. Das Kind war eindeutig übergewichtig und den Eltern fehlte auch nichts; sie vervollständigten das Bild einer ungesunden Ernährung. Im Kinderwagen wurden sechs Pakete mit Chips gefahren. Da kann ich mir gut vorstellen, wie der Speiseplan dieser Familie aussieht und niemand braucht sich über die Auswirkungen zu wundern.

Richtige Ernährung beginnt bereits beim Einkauf. Was Sie nicht in den Einkaufswagen legen, werden Sie zu Hause auch nicht essen. Wenn Sie sich daran halten, ist schon ein kleiner Schritt zur besseren Ernährung getan. Wie wäre es für den Anfang, wenn Sie an einem Tag in der Woche auf Süßigkeiten verzichten würden?

Nehmen Sie sich vor, gesünder zu leben. Denken Sie zumindest darüber nach, was das für Sie bedeutet und setzen Sie es um. Probieren Sie es aus und essen Sie intuitiver. Lieber weniger essen und bewusst genießen. Und wenn Sie beim Abnehmen aufgeben wollen, denken Sie daran, warum Sie angefangen haben.

Je besser Sie mit Ihrem Körper umgehen, desto funktionsfähiger ist auch Ihr Gehirn. Essen Sie gesund. Stellen Sie sich Ihre Speisen vernünftig zusammen. Reduzieren Sie die Nahrungsmenge und Sie werden länger leben, wenn man den wissenschaftlich gestützten Aussagen von Experten vertrauen möchte.

„Unser Körper
ist unser Garten,
unser Wille der Gärtner.“
(William Shakespeare)

Nachhaltig werden Sie etwas ändern, wenn Sie Ihre Essgewohnheiten auf den Prüfstand stellen. Beschäftigen Sie sich damit, was Ihr Körper braucht und stellen Sie ihm das zur Verfügung. Lassen Sie alles andere weg. So einfach ist das. Bei Ihrem Auto achten Sie auch darauf, was Sie in den Tank geben und welches Öl Sie ihm verpassen.

Es gilt als erwiesen, dass der Mensch auch noch genügend Schlaf braucht, um sich zu regenerieren. Sorgen Sie dafür, dass Sie 7-8 Stunden schlafen können und dass Sie sich vor dem Schlafengehen nicht mehr mit Problemen belasten. Ich gehe regelmäßig vor 22:00 Uhr ins Bett. Erlauben Sie Ihrem Unterbewusstsein, die Tageseindrücke zu verarbeiten. Da müssen am Abend keine zusätzlichen Probleme hinzukommen. Gehen Sie den Abend ruhig an und genießen Sie ihn entspannt. Tauschen Sie sich mit Ihrem Partner aus, verbringen Sie Zeit in einer harmonischen Beziehung und beladen Sie sich nicht mit Problemen. Geben Sie Ihrem Unterbewusstsein die Chance, während des Schlafes für und nicht gegen Sie zu arbeiten. Womit wird sich Ihr Unterbewusstsein beschäftigen, wenn Sie vor dem Schlafengehen noch Filme mit aufwühlendem Inhalt anschauen?

Sie wissen sicher, dass der Atem einen ganz wesentlichen Einfluss auf Ihre Gesundheit hat. Ausreichend Sauerstoff fördert Ihr Immunsystem. Atmen Sie bewusst ein und aus. Atmen Sie einige Sekunden ein, halten den Atem an für die doppelte Zeit des Einatmens und atmen

Sie in der Hälfte der Einatemzeit aus. Also als Beispiel 6-12-3. Machen Sie diese Übung zehnmal und wiederholen Sie diese mehrmals täglich. Das können Sie gut vor dem Schlafengehen ausprobieren. Zum Atmen suchen Sie sich die Intervalle aus, die am besten zu Ihnen passen.

- Welche sportlichen Aktivitäten sind passend für Sie?
- Welche Veränderung nehmen Sie an Ihren Essgewohnheiten vor?
- Wie lange haben Sie heute geschlafen?
- Welche Atemübung haben Sie heute gemacht?

Und wie steht es um Ihre Finanzen?

Schauen Sie auf Ihren Kontostand. Entspricht dieser Ihren Vorstellungen? Ich vermute, dass es Ihnen recht wäre, wenn die ausgewiesenen Beträge nicht in Rot dargestellt würden. Stattdessen sollten satte schwarze Zahlen auf Ihren Kontoauszügen darauf hindeuten, dass Sie beim Geldausgeben nicht auf jeden Euro schauen müssen.

Sie können auf einen Lottogewinn oder auf eine üppige Erbschaft hoffen. In beiden Fällen werden Sie auf Dauer damit nicht glücklich werden. Der Grund liegt allein darin, dass Sie sich das Geld nicht selbst erarbeitet haben. Wenn Sie selbst kein Vermögen aufgebaut und dafür gearbeitet bzw. sich dafür angestrengt haben, werden Sie langfristig vermutlich nicht mit großen Beträgen umgehen können. Sie haben es nicht gelernt. Woher auch? Geld ist hierzulande ein Tabuthema. Kinder wissen nicht, was ihre Eltern verdienen und was für ein Gehalt getan werden muss. Wenige haben Ahnung von Wertschöpfung.

„Verlorenes Geld
können wir wieder verdienen.
Verlorene Zeit ist für immer verloren."
(Bodo Schäfer)

Machen wir jetzt mal ein Experiment. Nehmen Sie sich ein Blatt Papier zur Hand, zeichnen Sie einen Strich, der das Blatt in zwei Hälften teilt. Auf die linke Seite malen Sie sich ein Pluszeichen, rechts ein Minuszeichen hin. Wenn Sie soweit sind, schreiben Sie Begriffe zu Geld in die Spalten, links die positiven und rechts die negativen. Nehmen Sie sich drei Minuten Zeit. Unterstreichen Sie jetzt besonders wichtige Einträge. Ihre Notizen sagen jetzt sehr viel über Ihre Einstellung zu Geld. Das können Sie einerseits an der Menge der Begriffe festmachen, die Sie in den Spalten vermerkt haben und an der Wichtigkeit der einzelnen Vermerke.

Was denken Sie über Geld? Verbinden Sie Geld mit negativen Vorstellungen? Dann werden Sie nie zu Vermögen kommen. Wenn Sie daran etwas ändern wollen, müssen Sie zwingend zuerst Ihre Einstellung zu Geld überprüfen und falls Sie Handlungsbedarf erkennen, diese auch ändern.

Kennen Sie Sätze wie „Lieber arm, aber gesund"? Hier stimmt der Vergleich nicht. Haben Sie Geld, können Sie sich auch Extra-Ausgaben für Ihre Gesundheit leisten.

„Geld macht nicht glücklich." Das ist richtig, Geld allein macht nicht glücklich. Sie müssen das Geld haben, es sinnvoll ausgeben und auch einen Beitrag für die Gemeinschaft leisten. Dann kommt auch das Glück. Wenn Sie genug haben, können Sie auch offenen Herzens Geld spenden. Glücksgefühle bekommen Sie durch Geben.

„Geld ist mir nicht wichtig." Auch eine Schutzbehauptung, nichts ändern zu müssen. Geld ist gerade dann besonders wichtig, wenn es nicht vorhanden ist. Geld wird unwichtig, wenn Sie genug davon haben. Geld ist der gedruckte oder geprägte Gegenwert für den Nutzen, den Sie anderen geben. Wenn Sie mehr wollen, sollte Ihnen Geld wichtig sein. Ändern Sie Ihren Glaubenssatz, damit Geld auch zu Ihnen kommen kann, denn wenn Sie Geld ablehnen, wird auch kein Geld zu Ihnen kommen. Geld ist zwar nur ein Tauschmittel und wenn Sie nichts möchten, ist es nicht wichtig. Schön, wenn man es trotzdem hat. Wenn Sie Geld als Gegenwert sehen für den Wert, den Sie einem Unternehmen oder Ihren Mitmenschen geben, sollte es Ihnen schon wichtig sein. Legen Sie sich mal eine Liste an mit Problemen, die Sie mit Geld lösen könnten. Sie werden erkennen, dass Geld wichtig ist, wenn damit Probleme gelöst werden können.

„Das letzte Hemd hat keine Taschen!" Warum so egoistisch? Denken Sie an Ihre Nachkommen. Was können Sie ihnen alles ermöglichen, wenn Sie etwas vererben können? Sorgen Sie aber auch dafür, dass die Erben mit Geld umgehen können.

„Geld verdirbt den Charakter." Tatsache ist, dass Geld den Charakter verstärkt. Sind Sie ohne Geld schon ein problematischer Mensch, werden Sie es mit dem Besitz von Geld erst recht sein. Wenn Sie aber schon mittellos hilfsbereit waren, wächst auch die Hilfsbereitschaft, wenn Sie zu Geld gekommen sind.

„Nur mit harter Arbeit kommt man ehrlich zu Geld." Das ist mehr eine Rechtfertigungsbehauptung, weil man ja nicht hart arbeiten möchte, wenn gleichzeitig die Zeit für die Familie fehlt. Das ist limitierend. Wenn der Nutzen für andere Menschen groß genug ist, wenn Sie die Bedürfnisse anderer herausfinden und diese decken können, werden diese auch bereit sein, mehr zu bezahlen. Wohlstand kann auch als mathematische Gleichung gesehen werden: Stiften Sie für eine Million Menschen Nutzen für jeweils einen Euro. Das gleiche Ergebnis erhalten Sie, wenn Sie 100.000 Menschen eine Lösung für jeweils 10 Euro bieten oder 10.000 Menschen etwas für 100 Euro verkaufen können. Wenn Ihr Nutzen so groß ist, dass Sie 1000 Euro berechnen können und 1000 Menschen bereit sind, Ihnen dafür das Geld zu geben, ist eine Million eine erreichbare Größe. Was halten Sie von 100 Menschen, die bereit sind, Ihre Leistung mit jeweils 10.000 Euro zu honorieren? Ist der Mehrwert für ein Unternehmen so groß, dass dieses bereit ist, Ihnen 100.000 Euro zu bezahlen, reichen schon 10 Unternehmen aus. Red Adair hat mit seinem Spezialwissen brennende Ölquellen gelöscht. Ein Einsatz von wenigen Tagen hat ihm jeweils mehrere Millionen US-Dollar beschert. Seine Leistung war es den Scheichs wert.

„Der Schlüssel zu Wohlstand liegt darin, den eigenen Wert zu erkennen."

(Anthony Robbins)

„Reiche haben Glück gehabt und beuten andere aus." Das mag in einigen Fällen der Fall sein. Schauen Sie sich um. Vermutlich werden Sie aber kein Beispiel finden. Reiche haben über viele Jahre das Richtige getan, damit der Erfolg sich „über Nacht" zeigen konnte. Sie haben meist ein Problem gelöst und haben unternehmerische Entscheidungen getroffen, in eine Idee investiert. Sie haben für ihr Unternehmen Skalierungsmöglichkeiten gefunden. Welches Problem können Sie für andere lösen? Mit der Problemlösung für andere Menschen wird auch Geld zu Ihnen kommen. Heißen Sie es willkommen.

„Reiche sind schlecht, haben andere über den Tisch gezogen.“ Ich habe noch keinen Reichen getroffen, der andere über den Tisch gezogen hat. Ich habe Menschen getroffen, die über viel Geld verfügen, diesem Klischee aber nicht entsprechen, sondern ihr Geld zum Wohle anderer einsetzen.

„Der denkt nur ans Geld.“ Diese Äußerung kommt meist von denen, die nichts haben und auch nicht bereit sind, etwas für mehr Geld zu tun. Das ist die Brille des Neides. Nicht jeder hat seine Finanzen im Griff und so tut man, als müsse man sich nicht mit Geld beschäftigen. Eine Stunde pro Woche könnte man sich sowohl mit seinen Einnahmen als auch mit seinen Ausgaben beschäftigen und manches Problem würde erst gar nicht entstehen.

Wenn Sie solche negativen Glaubenssätze haben, geben Sie diese auf und ersetzen Sie diese Überzeugungen gegen solche wie „Helfende Menschen sollten immer vermögend sein“ oder „Ich habe es verdient, viel Geld zu besitzen, weil ich mit meinem Geld Gutes tun werde.“

Haben Sie zu wenig Geld, geben Sie anderen die Hilfe, um sie größer zu machen. Dann wird auch Ihr Wert steigen und Sie ebnen den Weg, damit das Geld zu Ihnen kommen kann.

Stellen Sie sich vor, Ihre Eltern haben ein Leben lang gearbeitet, die Kinder großgezogen, den Enkeln immer wieder etwas zugesteckt. Jetzt sind sie alt und gebrechlich. Selbst versorgen können sie sich nicht mehr. Sie selbst wohnen weiter entfernt von Ihren Eltern und können die erforderliche Hilfe vor Ort nicht leisten oder preisgünstig organisieren. Ihre Eltern kommen in ein Alters- oder gar in ein Pflegeheim. Bei den hohen Kosten reicht die eigene Rente nicht. Ihre Eltern bringen ihre gesamte Rente ein und trotzdem reicht das nicht aus, um die Kosten zu decken. Ihre Eltern erhalten fortan nur noch Taschengeld und können sich Zusätzliches nicht mehr leisten. Im Alter wieder auf Taschengeldniveau – das ist nach lebenslangem Arbeiten deprimierend und entwürdigend! Haben Sie aber Geld und das genügend, können Sie sich zusätzliche Angebote für Ihre Eltern leisten. Allein das sollte es Ihnen schon wert sein, nach mehr Vermögen zu streben.

Denken Sie an Gesundheit. Wenn Sie Geld haben, können Sie sich die Gesunderhaltung teilweise kaufen. Sei es, dass Sie sich bestimmte Medikamente leisten, die von der Krankenkasse nicht bezahlt werden oder sich den Arzt suchen können, der Experte auf seinem Gebiet ist, unabhängig davon, wie weit Sie dafür reisen müssen. Haben Sie Geld, können Sie auch dahin reisen, wo Sie das Klima besser vertragen.

Bildung in Verbindung mit Geld bedeutet Lebensverlängerung. Es schadet also nicht, wenn Sie Geld in Ihre Bildung investieren.

Mit Geld können Sie regelmäßig spenden, mit viel Geld auch eine Stiftung gründen und mit dem eingebrachten Geld viel Gutes tun. Mit Geld können Sie auch Organisationen, die Großartiges leisten, mit Spenden unterstützen. Wenn Sie reichlich haben, können Sie großzügig geben.

Ändern Sie zunächst Ihre Einstellung zu Geld. Wenn Sie nicht davon überzeugt sind, dass Sie mit Geld Gutes tun könnten, arbeiten Sie an dieser Meinung. Nur wenn Sie sich Reichtum, verbunden mit Hilfen für andere detailliert vorstellen können, werden Sie mehr erhalten und auch dauerhaft behalten. Eine positive Grundeinstellung zu Geld wird Ihnen helfen, sich darüber Gedanken zu machen, wie Sie mehr verdienen werden, wie Sie sich zusätzliche Einkommensquellen erschließen.

Gewöhnen Sie sich an, Ihr Vermögen nach einem System aufzubauen. Meine Enkel kennen die Formel 50-30-20: Von jedem zusätzlich über das Taschengeld erhaltenen Euro ist die Hälfte für die Rente bestimmt, Geld, das sie sparen und das nie für Konsum ausgegeben, sondern investiert wird. Wenn genügend zusammengekommen ist, wird z.B. in eine Eigentumswohnung investiert, die vermietet wird.

Dreißig Prozent der Mehreinnahmen über dem Taschengeld sind für größere Anschaffungen vorgesehen, das kann ein Laptop, ein Urlaub, ein Auto etc. sein. Wenn beispielsweise 5000 Euro erreicht sind, gehen die 30 Prozent auch in das Rentenkonto. Wenn Anschaffungen getätigt wurden und dadurch der Bestand auf dem Anschaffungskonto verkleinert wurde, wird dieses mit dem 30-prozentigen Anteil erst wieder bis zum Sollstand aufgefüllt.

Nur die verbleibenden 20 Prozent der zusätzlichen Einnahmen sind zum Ausgeben gedacht!

Konkret sieht das bei Rebecca so aus: Neben ihrem Taschengeld erhält sie 120 Euro monatlich für das Austragen einer Werbezeitung. 60 Euro legt sie zur Seite für die Rente/Investition. 36 Euro werden für Anschaffungen angespart und 24 Euro können zusätzlich zum Taschengeld „verjubelt" werden. Entsprechend verfährt sie auch mit zusätzlichen Einnahmen für Rasenmähen etc. Für ein einjähriges schulbegleitendes Praktikum erhält sie vom Betrieb eine monatliche Vergütung in Höhe von 200 Euro. Nach diesem System kann sie jetzt 40 Euro mehr ausgeben und spart sich für größere Ausgaben monatlich zusätzlich 60 Euro. Aus bisherigen 60 Euro für die Rente werden jetzt monatlich 160 Euro. Mit jeder Erhöhung wird sie genauso verfahren und nimmt dafür lieber in Kauf, sich jetzt einzuschränken, damit ihr später die Preise egal sein werden. Wenn sie die nächsten Jahre noch zu Hause wohnen bleibt, spart sie sich eine Menge Geld zusammen. Rebecca wird in der Lage sein, sich eine vermietete Eigentumswohnung zu leisten.

Bei ihren Freundinnen ist das anders. Das erste verdiente Geld wurde für Shopping ausgegeben. Einige wollen sparen, wenn etwas übrig bleibt. Da kein System dahintersteht, wird nichts übrig bleiben. Künftiges Geld wird gedanklich schon ausgegeben sein, bevor es auf dem Konto gebucht ist. Nach zwanzig Jahren wird man sich vielleicht sagen „Ach hätte ich doch ..."

Ohne System werden Sie von Ausgaben immer wieder überrascht werden. Am Ende des Geldes wird also immer noch genug Monat übrig bleiben. Die Wünsche werden wachsen und die Geldeingänge immer hinterherhinken. Die Freundinnen meiner Enkelin kennen nicht die immense Wirkung einer aufgeschobenen Bedürfnisbefriedigung. Weil sie sich nicht mit solchen Themen beschäftigen, kommt auch kein Vermögen zustande. Nur mit einem Sparsystem werden Sie vermögend, vergleichbar mit einem großen Brand, der aus einem winzigen Funken entstehen kann.

Ein anderes System könnte 50-10-10-10-10-10 sein. Was verbirgt sich dahinter?

Von Ihren Einnahmen bewilligen Sie sich 50 Prozent, um durchs Leben zu kommen. Miete, Essen, Kleidung, alles ist in diesen Ausgaben enthalten. Das wird für viele vielleicht unterhalb des Existenzminimums gehen, weshalb sofort der Gedanke kommt, dass der – also ich – einen „Knall" habe. So wenig Geld zur Verfügung zu haben zwingt Sie, darüber nachzudenken, wie Sie zu mehr Geld kommen und auf welche Ausgaben Sie künftig verzichten müssen. Sie brauchen ein Zweiteinkommen. Schauen Sie, wie Sie Ihre Fähigkeiten zu Geld machen können. Wenn Ihnen dazu wichtige Kenntnisse fehlen, sorgen Sie dafür, dass Sie die Wissenslücken schließen können.

Wie teilen sich die restlichen 50 Prozent auf? Jeweils zehn Prozent gehen in folgende Töpfe: Sparen, Anschaffungen, Notgroschen, Spaß, Spenden. Ja, Spenden sind wichtig. Denn es prägt den Glauben, dass es Ihnen schon gut geht und Sie sich das Spenden auch leisten können. Ich spende zum Beispiel fünf Prozent meiner Erträge. Und ich stelle fünf Prozent meiner Arbeitszeit gemeinnützigen Organisationen kostenfrei zur Verfügung.

Legen Sie sich selbst die Topfgrößen fest. Wenn ein Topf voll ist, füllen Sie den Spar- bzw. Investitionstopf.

Ein anderes System: 70 Prozent Ihres Einkommens müssen reichen, um alle Kosten abzudecken, jeweils zehn Prozent sparen Sie kontinuierlich, spenden Sie und bezahlen Ihre Schulden oder gönnen Sie sich etwas.

Ein weiteres System ist, mindestens zehn Prozent des Einkommens zu sparen. Bodo Schäfer sagt, dass man sich beim Geldeingang zuerst selbst bezahlt, das heißt, in sein System zahlt. Mit 90 Prozent des Einkommens ist leichter auszukommen als zehn Prozent am Monatsende fürs Sparen zu verwenden.

Andere teilen Ihr Einkommen nach einem 50-30-20-Schlüssel auf: Mit der Hälfte des gesamten Einkommens werden alle lebenswichtigen und unabwendbaren Ausgaben, wie Lebensmittel, Miete, Versicherungen etc. bestritten. Mit 30 Prozent werden Wünsche erfüllt und 20 Prozent angespart, um später zu investieren. Wenn das Einkommen zu klein für die Anwendung dieses Schlüssels ist, müssen Sie unbedingt Ihr Einkommen erhöhen, indem Sie Ihren Wert für Ihre Firma verbessern.

Bei Erhöhung der Einnahmen hinterlegen Sie sich ein System zum Vermögensaufbau wie oben beschrieben. Stecken Sie sich außerdem einen Geldschein mit einem höheren Wert in Ihren Geldbeutel, so die Empfehlung von Bodo Schäfer dem Money-Coach Nr. 1. Natürlich nicht zum Ausgeben, sondern als gedankliche Hilfe, dass Sie vermögend sind. Stellen Sie sich vor, welcher Mensch Sie sind, wenn Sie vermögend sind. Stellen Sie sich das so vor, als hätten Sie das schon erreicht.

Zwei Wege führen grundsätzlich zu mehr Geld: Weniger ausgeben, mehr einnehmen. Besser, es gelingt Ihnen beides. Unter einem monatlichen Einkommen von 3000 Euro brutto können Sie nicht viel sparen, zumindest nicht so viel, um sich ein sorgenfreies Leben zu schaffen. Sie werden zwar über die Runden kommen, aber im Ruhestand wird Ihr Einkommen mit der Rente deutlich geringer sein. Ein Grund mehr, sich um eine Verbreiterung Ihrer Einkommensbasis zu kümmern. Für mich ist es ein gutes Gefühl, dass einige aus meinem Umfeld das begriffen haben. Die Ergebnisse können sich sehen lassen. Natürlich kommen die Erfolge nicht sofort. Hier sind Ideen und Disziplin sehr hilfreich.

„Der einfachste Weg,
reich zu werden, ist,
anderen dabei zu helfen,
das zu bekommen, was sie wollen."
(Bodo Schäfer)

Der Weg zu mehr Vermögen geht über ***Verdienen*** – schaffen Sie sich zusätzliche Einkommensquellen durch Vermarktung Ihrer Fähigkeiten und Kenntnisse. Was müssten Sie häufiger tun, um mehr Geld zu verdienen? Die Basis für ein gutes Einkommen ist: Erstens etwas können, zweitens Leistungen bringen, drittens jemand finden, der die Leistung bezahlt. Entwickeln Sie Fähigkeiten, für die andere bereit sind, Geld auszugeben. Lernen Sie, Ihre Leistung zu verkaufen.

Erweitern Sie aus eigenem Antrieb jeden Tag Ihre Kenntnisse, stärken Sie Ihre Talente und Fähigkeiten, denn Talente, Ihr Wissen und Ihr Können ergeben zusammen Ihre Stärken, die Sie zu Geld machen können.

„Talent ist wertlos,
wenn der Fokus fehlt."
(Christian Bischoff)

Verdientes Geld müssen Sie auch ***behalten***, d.h. immer weniger ausgeben als Sie einnehmen und halten Sie sich an ein System. Sie geben weniger aus, wenn Sie mit einer Strategie einkaufen gehen.

Sie werden Spontankäufe und Frustkäufe vermeiden, wenn Sie sich zwingen, lieber noch mal über die Notwendigkeit des Kaufs nachzudenken. Geben Sie Ihr Geld nicht unnütz aus. Überlegen Sie sich, ob Sie dieses Wunschobjekt unbedingt benötigen. Meist hat sich die Sache am nächsten Tag schon erübrigt. Kaufen Sie Lebensmittel nicht jeden Tag ein, sondern nur einmal in der Woche. Bewilligen Sie sich Höchstbeträge für den Wocheneinkauf und Limits für verschiedene Warengruppen. Nutzen Sie Sonderangebote und kaufen Sie niemals hungrig ein. Geben Sie Geld nur nach einem Budgetplan aus. Und geben Sie Geld nur überlegt aus, durchaus auch, um sich Freuden zu gönnen. Denken Sie mal darüber nach, was es Sie im Laufe des Lebens kostet, wenn Sie täglich Geld für Ihre Zigarettenpackungen, Alkohol oder für den Kaffee to go ausgeben. Geben Sie für Spontankäufe niemals mehr aus als Sie sparen können.

Der letzte Schritt zu mehr Vermögen liegt darin begründet, dass Sie Ihr Geld ***vermehren***. Bei den Niedrig- bis Negativzinsen werden Sie Ihr Geld nicht vermehren können. Auch die Inflation tut ein Übriges, damit Ihr Geld weniger wert wird. Vermehren können Sie es nur durch kluge Investitionen. Dazu sollten Sie einen Berater finden, der Ihnen mit langfristigen und rentablen Anlagen behilflich sein kann, Ihnen aber nichts verkauft. Wählen Sie deshalb einen Berater, den Sie für seine Beratung bezahlen.

Machen Sie folgenden Versuch, der sehr viel über Ihren Sparwillen und Ihre Spardisziplin zeigen wird: Geben Sie mal über eine längeren Zeitraum keine Fünf-Euro-Scheine aus. Das wird schwer, manchmal sehr schwer werden. Als ich damit anfing, hatte ich folgende Situation: Ich hob 100 Euro am Geldautomaten ab und erhielt die Stückelung 50, 20, 2x10 und 2x5 Euro. Die zwei Fünf-Euro-Scheine kamen gesondert in den Geldbeutel. Jedes Mal, wenn ich von den größeren Geldscheinen etwas ausgegeben hatte, hatte ich mindestens einen Fünfer im Wechselgeld.

Einmal hatte ich mir einen Döner gekauft und sollte vier Euro bezahlen. Ich gab 50 Euro. Der Verkäufer sah aber, dass ich Fünf-Euro-Scheine in meiner Geldbörse hatte und fragte nach einem dieser Scheine, um sein Wechselgeld zu schonen. Ich erklärte ihm, was es mit den Scheinen auf sich hatte und bat um Verständnis, dass ich ihm keinen davon geben wollte. Er gab mir daraufhin neun Fünf-Euro-Scheine auf meine 50 Euro heraus. Bei dieser Geldabhebung von 100 Euro wanderten insgesamt 15 Scheine in ein gesondertes Fach. So war das nicht gedacht. Ich habe es aber durchgehalten. Sie werden sich wundern, wie viele Geldscheine sich im Laufe der Zeit ansammeln. Auch hier könnten Sie es sich zur Gewohnheit machen, Bedürftigen von diesen Fünf-Euro-Scheinen zu schenken.

Bringen Sie die Disziplin auf, zu sparen. Wenn Sie sich an Ihr System halten, werden Sie eines Tages genug haben. Vermeiden Sie die Kreditaufnahme für Konsumgüter. Widerstehen Sie den Kaufanreizen, die Sie mit billigem Geld finanzieren sollen. Kaufen Sie nur das, was Sie in Ihrem System eingestellt haben. Und kaufen Sie nur, wofür Sie keinen Kredit benötigen, den Kauf einer Immobilie zu Vermietungszwecken ausgenommen.

„Die Freiheit des Menschen
liegt nicht darin,
dass er tun kann,
was er will, sondern,
dass er nicht tun muss,
was er nicht will."
(Jean Jacques Rousseau)

Falls Sie Kredite bedienen müssen, schaffen Sie sich die Verbindlichkeiten vom Hals. Denken Sie aber keinesfalls, dass Sie erst sparen können, wenn die Schulden abbezahlt sind. Dann sind Sie nämlich bei null angekommen. Bezahlen Sie einen Teil mit Raten ab und den anderen Teil stecken Sie parallel in Ihr Sparkonto. Das hat den Vorteil, dass Sie bereits über Guthaben verfügen, wenn Sie Ihre Verpflichtungen bezahlt haben. Sparen Sie die gleiche Summe, die Sie für Ihre Kredite aufwenden. Sprechen Sie nötigenfalls mit Ihren Kreditgebern über eine Veränderung der Raten. Und machen Sie nie wieder Konsumschulden. Durchbrechen Sie den Teufelskreis und kaufen Sie sich nur noch das, was Sie auch bezahlen können. Das erfordert Disziplin von Ihnen. Bedenken Sie: Wer Geld ausgibt, das er nicht besitzt, wird nie reich.

Erst müssen Sie für Ihr Vermögen arbeiten, dann kann das Vermögen für Sie arbeiten. Egal was Sie vorhaben, es geht nicht ohne Arbeit. Sie müssen genügend Energie und Zeit in ein Projekt stecken, damit Sie ein Vermögen aufbauen können und es für Sie arbeiten kann. Mit einem durchdachten System werden Sie es schaffen. Sie haben die Wahl. Entweder Sie arbeiten im gesamten Arbeitsleben für Geld, tauschen immer Zeit gegen Geld oder Ihr Geld arbeitet irgendwann für Sie. Verdienen Sie Geld, um zu leben, und leben Sie nicht, um Geld zu verdienen! Wenn Sie Ihre Fähigkeiten vermarkten, jemand einen Gewinn aus Ihrem Angebot ziehen kann, wird man auch bereit sein, dafür zu bezahlen.

Hier ein Denkansatz, warum das Wohnen im eigenen Haus nicht die beste Lösung ist: Sie kaufen sich ein Haus und finanzieren es über Kredite bei einer Bank. Diese zahlen Sie aus versteuertem Geld zurück. Hätten Sie das Haus gekauft und vermietet, nehmen Sie Miete ein und bezahlen daraus den Kredit. Sie bedienen also den Kredit aus unversteuertem Geld. Im ersten Fall sind es Verbindlichkeiten, wenn Sie aber ein Haus zur Vermietung kaufen, ist es eine Investition.

Das hatte ich lange Zeit auch so nicht gesehen und mehr den Blick darauf gerichtet, im Alter mietfrei zu wohnen. Investieren Sie aber in Immobilien, werden Sie durch die Mieteinnahmen im Alter auch mietfrei wohnen, denn Sie werden genug einnehmen. Ein Beispiel: Sie kaufen sich ein Haus, bewohnen es selbst. Wenn Sie Ihre Kredite zurückbezahlt haben, wird vielleicht eine neue Heizung erforderlich, später eventuell ein neues Dach. Vielleicht wollen Sie einen Wintergarten anbauen oder umfangreich modernisieren. Vermutlich sind die Investitionen so hoch, dass Sie einen Kredit aufnehmen werden, den Sie aus versteuertem Geld bezahlen. Möglicherweise bleibt im Alter dann nicht so viel übrig, um noch ausgedehnte Reisen machen zu können. Wie ist das aber bei einer Investition? Den Unterschied finden Sie selbst.

Da ich diese Überlegung früher nicht berücksichtigt hatte, nun aber die Erkenntnis gewonnen habe, werden wir hier eine Änderung herbeiführen. Das von uns bewohnte Haus werden wir an unsere Tochter übergeben und bei ihr mieten. Gelder, die unsere Tochter in dieses Haus steckt, sind Investitionen, mit der Folge, dass Sie die Aufwendungen absetzen kann – selbst, wenn sie das nötige Geld von uns erhält. Wenn das Einkommen aus Vermietung und Verpachtung negativ ist, spart sie Steuern. Das ist legal und außerdem steuerlich interessant.

Eine andere Überlegung: Müssen Sie ein großes Auto besitzen? Nur wenn Sie Ihr Geld mit Ihrem Auto verdienen, ist der Kauf eines Autos eine Investition. In allen anderen Fällen sind es Konsumausgaben, die Sie aus versteuertem Geld bezahlen. Müssen Sie ein protziges Auto fahren, um anderen zu imponieren? Das können Sie durchaus machen – Sie sollten es sich aber ohne Kreditaufnahme leisten können.

Eine Investition bringt Geld, Konsum kostet Geld. Darauf können Sie die Komplexität der Finanzen reduzieren. Investieren schafft Ihnen Werte, konsumieren vernichtet sie. Denken Sie mal darüber nach. Wie viel Geld geben Sie für Konsumgüter aus? Wann ist der Kauf eines Buches oder die Buchung eines Seminars eine Investition und wann sind es nur Kosten?

Verschaffen Sie sich Klarheit über Ihre Einnahmen und deren Zusammensetzung und über Ihre Ausgaben im Detail. Als Anhalt kann Ihnen die Darstellung im Anhang dienen.

Und wenn Sie den Überblick haben, werden Sie die Stellschrauben finden, wo Sie etwas ändern werden. Arbeiten Sie auf jeden Fall an Ihren Überzeugungen.

Machen Sie sich ein System zu Nutze und halten Sie sich mit Disziplin daran. Übernehmen Sie die Verantwortung für Ihren Kontostand.

- Was sagt Ihnen der Überblick über Ihre Einnahmen und Ihre Ausgaben?
- Wie viel Geld bewilligen Sie sich zum Ausgeben?
- Welches Finanzsystem werden Sie sich aneignen?
- Welche zusätzlichen Einkommensquellen werden Sie sich erschließen?
- Wie werden Sie Ihre Kenntnisse vermarkten?

Was glauben Sie über sich selbst?

Henry Ford wird der Satz zugeschrieben „Egal ob du glaubst, Du kannst es oder ob Du glaubst, Du kannst es nicht, Du hast immer recht!“

„Das, was jemand von sich selbst denkt,
bestimmt sein Schicksal.“
(Mark Twain)

Sie werden in Ihrer Kindheit sicher auch Sätze gehört haben wie „Das kannst Du nicht“, „Dafür bist Du noch zu klein“, „Du bist aber ein Mädchen“, „Mach das nicht“, „Das geht nicht“, „Der wird es zu nichts bringen“, „Ist zu dumm zum ...“ und viele mehr. Irgendwann werden Sie das auch geglaubt haben. Alles sind Einkerbungen, die in Ihrem Unterbewusstsein Narben hinterlassen haben, ohne dass Sie sich dessen bewusst sind. Wenn Sie z.B. in Ihrer Kindheit miterleben mussten, dass sich Ihre Eltern wegen des Geldes gestritten hatten, festigte sich der Gedanke, dass Geld schlecht sei, weil es zu Streit führt. Da Sie keinen Streit wollen, haben Sie möglicherweise eine innere Ablehnung zu Geld aufgebaut. So gibt es viele derartige Einflüsse, die Sie in eine bestimmte Richtung konditioniert haben.

Ich habe eine Bekannte, die hatte gut verdient und wollte einen neuen, besser bezahlten Job annehmen. Die Reaktion ihrer Mutter mit „Aber dann verdienst Du ja mehr als Dein Vater!", führte dazu, dass sie den Job nicht annahm.

„Entscheidend ist nicht,
was andere zu Dir gesagt haben,
entscheidend ist, was Du Dir selbst erzählst."
(Dirk Kreuter)

Ich bin sicher, es gibt auch bei Ihnen Denkmuster, die sich in Ihrem Leben festgefressen haben und die dazu führen, dass Sie ständig mit angezogener Handbremse unterwegs sind. Diese Denkmuster sind so sehr mit Ihnen eins geworden, dass Sie gar nicht darüber nachdenken. Solche Gedankengänge laufen unterbewusst ab und hindern Sie daran, etwas anderes anzunehmen. Das Beibehalten alter Denkmuster wird Ihnen keine neuen Lösungen bringen.

Meine Frau bedauerte lange Zeit, dass ihre Eltern sie zum Besuch einer Handelsschule gezwungen hatten und sie keine Hauswirtschaftsschule besuchen durfte. Es nützt nichts, sich ewig damit zu beschäftigen. Die Eltern hatten ihre Gründe. Sie haben das Beste für ihre Tochter gewollt und aus der Kenntnis, welche Arbeiten eine Hauswirtschafterin in der Verwandtschaft erledigen musste, war klar, dass die Eltern ihrer Tochter eine solche Bürde ersparen wollten. Hier hilft der Perspektivwechsel weiter und führt zu anderen Erkenntnissen. Anstatt ein Leben lang etwas zu bedauern, kann meine Frau selbst die Entscheidung treffen, ob sie sich mit Hauswirtschaft beschäftigen möchte. Und wenn sie das möchte, soll sie es tun. Aber sie darf endlich ihren Eltern vergeben und selbst die Verantwortung für ihr Leben übernehmen. Schade, dass sie das nicht schon früher gemacht hat.

Trauen Sie sich mehr zu. Früher glaubte ich, dass ich als Bankkaufmann den falschen Beruf hätte, weil ich während meiner Bundeswehrzeit nicht wie meine Kameraden, die einen Beruf aus der Versicherungsbranche erlernt hatten, etwas verkaufen konnte. Ich hatte nur gesehen, dass sie berufsbedingt einen Vorteil hatten. Erst als ich über meine Überzeugung nachgedacht und sie geändert hatte, nämlich, dass ich genau den richtigen Beruf erlernt habe, sah ich viele Möglichkeiten, mich zu betätigen. Heute noch bin ich davon überzeugt, dass ich genau den passenden Beruf hatte. Die erworbenen Kenntnisse waren mir schon in vielen Situationen in meinem Leben hilfreich. Vielleicht habe ich meine Fähigkeiten sogar wegen meines Berufes entwickelt. Weil ich die Perspektive gewechselt hatte, war es möglich, dass ich viele geschäftliche Betätigungsfelder gesehen hatte.

„Deine Überzeugungen
sind Dein einziges Limit."
(Dirk Kreuter)

Vielleicht glauben Sie, nicht gut genug zu sein, nicht attraktiv, nicht erfolgreich. Glauben Sie, dass Sie Mängel haben? Warum wollen Sie diese kultivieren? Sabotieren Sie sich doch bitte nicht selbst durch Ihre Selbstzweifel. Nehmen Sie die negativen Gedanken weg und denken Sie mehr an das, was Sie können. Ein einziger Satz aus

Ihrem direkten Umfeld wird unter Umständen dazu geführt haben, dass Sie sich minderwertig gefühlt haben und noch fühlen, ohne dass Sie sich darüber im Klaren sind.

Kennen Sie einen einzigen Menschen ohne Fehler? Ich bin überzeugt, diesen werden Sie nicht finden. Also warum einen Gedanken darauf verschwenden, nicht perfekt zu sein? Sie haben alles, was Sie brauchen. Arbeiten Sie an Ihrem Selbstbild und lernen Sie, sich zu mögen. Konzentrieren Sie sich nicht auf Ihre Schwächen, sondern auf Ihre Stärken und bauen Sie diese stetig und konsequent aus. Das wird Ihnen leichter fallen, als Ihre Schwächen zu beheben, denn das Arbeiten an Ihren Schwächen erfordert zu viel Anstrengung. Diese Energie können Sie besser zum Ausbau Ihrer Stärken einsetzen.

Bleiben Sie mit sich selbst in Harmonie und stehen Sie zu sich selbst. Und glauben Sie vor allem an sich selbst. Sie können doch schon vieles. Machen Sie weiter mit dem, was Ihnen bisher Erfolg gebracht hat.

Konzentrieren Sie sich auf Ihre Stärken und finden Sie Wege, Ihre Schwächen zu managen. Investieren Sie Ihre Zeit, um Ihre Talente zu erkennen und sie auszubauen. Sorgen Sie dafür, dass es Ihnen selbst gut geht, denn erst wenn Sie selbst ausreichend für sich gesorgt haben, können Sie anderen richtig helfen.

Legen Sie sich eine Liste an, aus der hervorgeht, wem Sie geholfen haben oder deren Leben Sie nachhaltig zum Positiven beeinflusst haben. Wenn Sie mal nicht gut drauf und voller Selbstzweifel sind, schauen Sie dort nach und es wird Ihnen besser gehen.

Denken Sie mal über Ihre Glaubensmuster und Ihre Einstellungen nach und schreiben Sie diese zu den einzelnen Lebensbereichen auf. Was denken Sie über Ihren Beruf, über das Berufsleben allgemein, was ist Ihre Meinung zu Familie und Freunden, zu Ihren Beziehungen? Reicht es Ihnen aus, mal etwas gewusst zu haben? Was denken Sie über Gesundheit? Was denken Sie über Geld, was denken Sie über sich selbst? Was erzählen Sie sich selbst immer wieder? Denn, was Sie sich oft genug, lange genug und intensiv genug einreden, glauben Sie schließlich. Schreiben Sie es auf und prüfen Sie, ob Sie daran festhalten wollen oder ob nicht langsam mal die Zeit gekommen ist, umzudenken und dafür selbst die Verantwortung zu übernehmen. Bleiben Sie nicht in einer „erlernten Hilflosigkeit" hängen.

„Der Mensch ist kein Produkt
der Umstände;
die Umstände
sind ein Produkt des Menschen."
(Benjamin Disraeli)

Sie allein sind verantwortlich für das was Sie bewerten, wie Sie es bewerten und wie Sie es interpretieren. Die Situation kann zwar von jemand anderem geschaffen worden sein. Sie aber reagieren mit Ihrer Bewertung darauf, was Sie glauben wollen. Deshalb sollten Sie konsequenterweise auch für Ihre Einschätzung die Verantwortung übernehmen.

Machen Sie sich nicht abhängig von Umständen, warten Sie nicht bis die Umstände passen. Sie werden nie passen. Schaffen Sie Ihre eigenen Umstände. Die Umstände selbst sind neutral, lediglich mit Ihrer Interpretation beeinflussen Sie Ihre Wahrnehmung und damit

Ihre Zukunft. Ändern Sie fortan etwas an der Bewertung Ihrer Wahrnehmung. Arbeiten Sie an Ihren Überzeugungen. Verbinden Sie Ihre Gedanken mit förderlichen Emotionen und Ihr Glaubenssystem wird sich im Laufe der Zeit verändern.

„Auf die Dauer
nimmt die Seele
die Farbe
Deiner Gedanken an."

(Marc Aurel)

Wenn jemand behauptet, aus welchen Gründen auch immer, dass das, was Sie erreichen wollen, nicht funktionieren werde, denken Sie daran, dass dies seine Überzeugungen sind und nicht Ihre. Sie müssen seine Art zu denken nicht annehmen. Hinterfragen Sie die Gründe für eine ablehnende Meinung. Wenn Sie eine Zitrone bekommen, schimpfen Sie nicht über die Zitrone, überlegen Sie, was Sie daraus machen können. Nutzen Sie diesen Vergleich, wenn Sie mit Kritik überschüttet werden.

Finden Sie die Denkweisen, die Sie bei Ihrer Zielerreichung unterstützen. Denken Sie in Möglichkeiten und nicht in Hindernissen. Wenn Sie ständig an Mangel denken, ziehen Sie den Mangel in Ihr Leben. Denken Sie stattdessen an Fülle und glauben Sie daran. Ich stimme der Aussage der Möwe Jonathan zu: „Glaube an Grenzen und sie gehören Dir."

„Ausreden reden Dich ins Aus."

(Bodo Schäfer)

Ihre Denkgewohnheiten werden Ihr Leben bestimmen. Wenn Sie selbst etwas nicht für möglich halten, wird Ihnen kaum etwas einfallen, das etwas verändern könnte. Wenn Sie aber überzeugt sind, dass die Realisierung Ihrer Gedanken möglich ist, sind Sie auch bereit, sich näher damit zu beschäftigen. Und Sie werden sehen, was möglich ist. Wenn Sie selbst denken, dass etwas nicht möglich ist, berauben Sie sich der Fantasie, wie es möglich werden könnte.

„Unser Leben ist das Produkt unserer Gedanken."
(Marc Aurel)

Vergleichen Sie die Vorgänge um Ihre Gedanken mit einem Garten. Im Garten wachsen Blumen und auch Unkraut. Wenn Sie sich nicht um Ihren Garten kümmern, wächst nur Unkraut, die Blumen ersticken. Ähnlich ist das mit Ihren Gedanken: Wenn Sie nicht aktiv positive Gedanken denken, nehmen automatisch die negativen aufgrund der Umgebungseinflüsse zu. Ein Grund mehr, Ihre Gedanken zu trainieren und den Fokus auf positive Gedanken zu legen. Denken Sie mehr in Freude und Sie werden Schmerz vermeiden.

„Ein Mensch ist ausschließlich das Produkt seiner Gedanken. Er wird, was er denkt."
(Mahatma Gandhi)

Ändern Sie Ihr Denken über sich selbst! Aus dem Talmud: „Achte auf Deine Gedanken, denn sie werden Worte, achte auf Deine Worte, denn sie werden Handlungen, achte auf Deine Handlungen, denn sie werden Gewohnheiten, achte auf Deine Gewohnheiten, denn sie werden Dein Charakter, achte auf Deinen Charakter, denn er wird Dein Schicksal!" Kurzgefasst heißt das, dass die Qualität Ihrer Gedanken die Qualität Ihres Lebens bestimmt. Denken Sie also nichts Schlechtes, schon gar nicht über sich selbst. Es könnte sich manifestieren. Denken und formulieren Sie positiv!

Welchen Unterschied eine positive Formulierung macht, zeigt folgendes Beispiel: Ein Kalif steckte einen Traumdeuter für seine Traumdeutung in den Kerker, weil er dem Kalifen mitteilte, dass er alle seine Angehörigen verlieren werde. Einen anderen Traumdeuter belohnte er dagegen mit Goldstücken, weil er den Traum so deutete, dass der Kalif alle Angehörigen überleben werde.

- Welche Überzeugungen haben Sie?
- Von welchem negativen Denkmuster haben Sie sich heute verabschiedet?
- Mit welchem positiven Glaubenssatz haben Sie sich heute beschäftigt?
- Mit welchen positiven Gedanken haben Sie sich heute auseinandergesetzt?

Wie groß ist Ihr Selbstvertrauen?

Welche Erfahrungen mussten Sie machen, um sich wenig zuzutrauen? Aus meinem Umfeld höre ich immer wieder Sätze wie „Das kann ich nicht!". Wenn Sie selbst solche Sätze formulieren und dabeibleiben, wird sich nichts ändern. Sie werden es nie können. Allein wenn Sie in den Satz ein einziges Wort einfügen, wird sich Ihre Wahrnehmung verbessern, weil Sie die Blickrichtung wechseln. Der Satz lautet jetzt „Das kann ich ***noch*** nicht." Das bringt Sie dazu, sich die Fertigkeit anzuschauen, es auszuprobieren, und letztlich werden Sie es können. Ändern Sie Ihre Sichtweise und es wird sich in Ihrer Welt etwas verändern. Schauen Sie häufiger über den Tellerrand. Lernen Sie von anderen.

Ihre Zweifel haben Sie sich durch Ihre Gedanken aufgebaut, haben sie genährt und gezüchtet. Sie können aber auch lernen, das ebenso gut neu zu denken. Sie können lernen, durch anderes Denken Ihren Standpunkt zu verlassen und die Neigung zur Bedenkenträgerschaft abzulegen.

„Wenn ich den Mut gehabt hätte,
mich so zu sehen,
wie ich wirklich bin,
dann wüsste ich auch,
was ich falsch gemacht habe
und könnte mich umstellen."
(Napoleon Hill)

Lernen Sie zuerst, sich selbst zu mögen. Je mehr Sie sich selbst akzeptieren, und zwar so wie Sie sind, umso mehr treten positiv gestimmte Menschen in Ihr Leben. Das stärkt Ihr Selbstbewusstsein. Je mehr Sie sich selbst mögen und je weniger Sie auf die abwertenden Meinungen anderer achten, umso glücklicher werden Sie sich fühlen. Sie werden sich mehr und immer mehr zutrauen.

Vor einigen Jahren war ich im Berufsinformationszentrum des Arbeitsamtes in Köln und wurde Zeuge folgender Situation: Eine Abschlussklasse einer Realschule tauchte mit ihrer Lehrerin auf. Ein kleiner Teil der Schüler ging gezielt zu den Ordnern, um sich über Berufe zu informieren. Diese Schüler konnten sehr schnell aus den Ordnern die gesuchte Information entnehmen, sich Notizen machen und sich dann mit anderen Ordnern beschäftigen. Diese Schüler werden es zu etwas bringen, davon bin ich überzeugt.

Ein anderer Teil der Schüler war so unselbstständig, dass sie ständig die Lehrerin fragen mussten, wo denn ein bestimmter Ordner zu finden sei und wenn sie den Ordner hatten, musste ihnen erklärt werden, wie der Inhalt aufgebaut ist und schließlich auch noch bewusst gemacht werden, welche Information daraus wichtig ist. Wenn das so bleibt, sind das auch die künftigen C-Mitarbeiter.

Der überwiegende Teil der Schüler handelte nach Anweisung, war mehr oder weniger gelangweilt, konnte sich aber nach dem einen oder anderen Hinweis selbstständig informieren. Hier liegt vielleicht die Chance, dass noch Entwicklungspotenzial gegeben ist.

Bei der Schulabschlussfeier meiner Enkelin Rebecca konnte ich folgende Beobachtung machen: Die Sporthalle war mit Klappstühlen bestuhlt. Es kamen mehr Besucher als erwartet. Deshalb hatte der Hausmeister noch Klappstühle herbeigeschafft. Ich beobachtete eine Frau, die nur ein einziges Mal probiert hatte, den Stuhl aufzuklappen, was ihr aber nicht gelang. Dann schaute sie hilflos herum, bis ihr jemand den Stuhl aufgeklappt hatte. Hätte sie geschaut, wie das nebenan gemacht wurde, wäre sie in der Lage gewesen, den Stuhl selbst auseinanderzuklappen. So blieb sie gefangen in ihrer eigenen Überzeugung „Ich kann das nicht“. Möchten Sie mit einer solchen Frau verheiratet sein.

Wenn Sie schauen, was andere können und das nachmachen, wird Ihr Selbstvertrauen automatisch größer werden. Sie werden lernen, wie Sie etwas hinbekommen und dadurch auch die Anerkennung erhalten, nach der Sie streben. Weil Sie etwas können, gewinnen Sie mehr Selbstvertrauen und werden sich weitere Fähigkeiten aneignen. Bleiben Sie neugierig.

„Selbstvertrauen
ist das erste
Geheimnis des Erfolges.“
(Ralph Waldo Emerson)

Eine Kleinigkeit, die Sie jedes Mal machen können, um Ihr Selbstvertrauen aufzubauen: Schauen Sie sich freundlich und selbstbewusst an, wenn Sie vor einem Spiegel stehen. Sie sind die wichtigste Person in Ihrem Leben! Sie sind es sich schuldig, zu Ihnen selbst freundlich zu sein. Testen Sie es und Sie werden sich wundern, welche Kraft in Ihnen steckt und wie Ihr Selbstvertrauen wächst. Dadurch erlangen Sie ein großes Selbstbewusstsein und gewinnen Selbstsicherheit. Bringen Sie sich in einen guten Zustand, indem Sie auf eine aufrechte Körperhaltung, auf einen zuversichtlichen Gesichtsausdruck und auf Ihre Atmung achten. Stehen Sie aufrecht und lassen Sie die Schultern nicht hängen, Blick selbstbewusst nach vorne gerichtet.

Sorgen Sie ab sofort dafür, dass Ihnen die Menschen aus Ihrem Umfeld das Selbstvertrauen nicht demontieren können. Wenn Sie sich selbst nicht vertrauen, warum sollten es andere dann tun? Sie strahlen aus, was Sie über sich selbst denken. Es sollte Sie nichts hindern, selbstbewusst durchs Leben zu gehen!

„Sei Du selbst.
Alle anderen sind schon vergeben.“
(Oscar Wilde)

Erinnern Sie sich an Ihre Erfolge. Erinnern Sie sich daran, wie Sie etwas zu Ende gebracht haben und wie Sie das geschafft haben. Machen Sie sich den Erfolg bewusst und nehmen Sie auch Lob an. Jeder Erfolg zieht neuen

Erfolg nach sich. Hören Sie damit auf, sich einzureden, dass es da nichts vorzuweisen gäbe.

Auch wenn Sie mal einen Rückschlag hinnehmen müssen, reproduzieren Sie in Gedanken jede Einzelheit Ihres früheren Erfolges. Fühlen Sie es mit allen Sinnen. Je klarer Sie dieses Bild aus Ihrer Erinnerung wieder herstellen können, desto mehr Kraft können Sie daraus ziehen. Das wird Sie motivieren und Ihnen die Zuversicht geben, weiter an Ihrem Erfolg zu arbeiten. Spüren Sie die positiven Emotionen und wiederholen Sie diese, damit Sie diese Vorstellung jederzeit abrufen können. Das wird Ihr Selbstvertrauen ungemein stärken.

Wenn Sie einmal über glühende Kohlen gehen, werden Sie dieses Erlebnis nie wieder vergessen. Symbolisch stehen die glühenden Kohlen für die Überwindung einiger Ängste und den Mut für die Tat. Wer das gemacht hat, hat so viel Selbstvertrauen, dass er sich auch zutraut, schwierige Situationen zu meistern. Ihr Selbstbewusstsein wird wachsen, weil Sie die Angst überwunden haben. Sie werden sich besser fühlen, je intensiver Sie sich an dieses Ereignis erinnern. Verstecken Sie sich nicht in der Anonymität, trauen Sie sich, sich zu zeigen und trauen Sie sich, Ihr Potenzial zu nutzen und dieses auszuschöpfen. Glauben Sie einfach, dass Sie genügend Potenzial haben!

Machen Sie sich nicht von der Meinung anderer abhängig. Nehmen Sie sich negative Aussagen aus Ihrer Umgebung über Ihre Person nicht zu Herzen. Sie werden keine Angst vor dem Urteil anderer haben, wenn Sie weniger Wert auf die Meinung Ihrer Mitmenschen legen. Wenn Sie sich von der Meinung Ihrer Mitmenschen befreien, werden Sie automatisch mehr Lebensqualität für sich verbuchen können und Sie werden zum Vorbild für andere. Niemandem außer Ihnen selbst sollten Sie es recht machen. Sie müssen sich nicht ständig an andere anpassen.

Beobachten Sie Kinder beim Spielen und Klettern. Sie trauen sich vieles zu, weil sie es bei anderen Kindern sehen und wollen es auch können. Ein Kind lernt leichter Fahrradfahren, weil es können will, was andere auch können und nicht, weil es die Eltern wollen. Die Kinder haben Vertrauen in sich selbst und üben und üben.

Vor vielen Jahren hatte ich den Drachenflugsport ausgeübt. In Riol, in der Nähe von Trier, glaubte ich, es wäre genug Wind vorhanden und ich müsste beim Start nicht, wie ich es gelernt hatte, mit Power die Rampe hinunterlaufen. Es war schlimm. Am Ende der Rampe hob der Drachen nicht ab. Zu wenig Geschwindigkeit. Ich stürzte den Hang hinunter. Der Drachen war stark beschädigt. Ich hatte mir aber lediglich den linken Daumen aufgeschlitzt.

Wochen später stand ich an der gleichen Rampe, hatte den Drachen selbst repariert. Das Wetter war wie damals am Absturztag. Ich bewegte mich auf die Rampe zu. Hochkonzentriert. Kameraden halfen mir. Dann sah ich die Bilder des Absturzes vor meinen Augen und fühlte, wie mich die Angst ergriff. Ich spürte den Herzschlag in den Halsschlagadern, wurde kurzatmig. Mir schlotterten die Beine und der Schweiß brach mir aus. Die negativen Bilder konnte ich nicht loswerden. Die Konzentration war weg, die Angst vor einem Absturz mit möglichen schlimmen Folgen übermächtig, zumal der Verein am gleichen Hang schon einen Todesfall zu beklagen hatte. Weil ich nicht auf meinen Beinen stehen konnte, musste ich den

Start mit Hilfe der Kameraden abbrechen. Ich versuchte, mir beim zweiten Startversuch die großartigen Erlebnisse vorzustellen, die ich bei früheren Flügen hatte. Die Angst blieb. Mir war klar, wenn ich nicht starten würde, würde ich nie wieder mit dem Drachen abheben.

Erst beim dritten Versuch, als die Bilder der schönen Erinnerungen griffen, konnte ich voller Konzentration einen erfolgreichen Start hinlegen. Welch eine Erleichterung! Ich hatte meine Angst besiegt, war mir meiner Fähigkeiten bewusst. Ich habe alles richtig gemacht und deshalb noch viele schöne Flüge erlebt. Ohne Angst und deren Besiegung hätte ich diese Erfahrung nicht machen können. Mir hat das Vertrauen in mein Können geholfen. Heute weiß ich, dass es auch die positiven Bilder in meinem Kopf waren. Ich hatte Referenzwerte, auf die ich zugreifen konnte.

Mein Enkel Hakon hat die besondere Fähigkeit, den Rubik-Cube, den Zauberwürfel, innerhalb kürzester Zeit zu ordnen. Zuerst hatte er sich den Aufbau mittels einer bildhaften Vorstellung von „weißem Kreuz“, „Hamburger“, „Auto fährt vor“ etc. gemerkt und den Würfel gelöst. Danach hatte er auf Geschwindigkeit trainiert und später den Algorithmus gelernt. In 36 Sekunden bringt er jetzt die verdrehten Seiten eines Würfels wieder in Ordnung. Dazu schaut er sich den Würfel ca. fünf Sekunden an. Danach dreht er die Seiten in einer für mich atemberaubenden Geschwindigkeit und muss den Würfel noch nicht einmal anschauen. Wenn es ihm gelingt, diese Erfolgserlebnisse auf seine Zukunft zu transportieren, kann er nahezu alles erlernen. Auch Würfel mit fünf Steinen in einer Reihe löst er in kurzer Zeit. Das fasziniert mich beim Zuschauen.

Meine Enkelin Ronja konnte ich beobachten, wie sie Kunden bedient. Obwohl sie damals erst im ersten Lehrjahr war, bediente sie routiniert und selbstsicher die Kunden mit einer gewinnenden Freundlichkeit. Man konnte ihr ansehen, dass ihr der Umgang mit Kunden Freude bereitete. Und weil das von innen kommt, lässt sie sich auch von mürrischen Kunden nicht herunterziehen. Ganz im Gegenteil: Die Kunden verlassen die Verkaufstheke freundlicher als sie gekommen sind. Meine Enkelin ist glücklich und verändert mit ihrer freundlichen Art ihr Umfeld. Das gibt ihr viel Selbstbewusstsein, das sie auch zeigen kann. Auch das ist Erfolg. Und mich macht es stolz.

„Ein Mensch,
der sich in die Lage der anderen
versetzen kann und Verständnis
aufbringt für deren Überlegungen,
braucht um seine Zukunft nicht zu bangen."

(Owen D. Young)

- Was haben Sie heute getan, um mehr Selbstvertrauen zu bekommen?
- Was ist Ihnen heute gelungen?
- Worauf sind Sie heute stolz?
- Was tragen Sie sich in ein Heft ein, damit Sie sich später daran erfreuen können?
- Was haben Sie sich für Ihren Erfolg heute gegönnt?

Wie viel Vorstellungskraft besitzen Sie?

Alles was bisher produziert oder erschaffen wurde, wurde zuerst einmal von einem Menschen gedacht. Er konnte sich vorstellen, wie etwas aussehen oder funktionieren soll, auch wenn es das noch nicht gab. Es war eine Ahnung vorhanden, daraus entwickelte sich eine Vision, die dann ausgearbeitet und verfeinert wurde.

Sie haben sich sicher auch schon das eine oder andere vorgestellt. Wenn Sie es nicht realisiert haben, blieb es ein Traum.

„Was immer der menschliche Geist
sich vorstellen
und woran immer er glauben kann,
das kann er auch vollbringen!“
(Napoleon Hill)

Jeder Architekt hat eine Vorstellung davon, wie das zu bauende Objekt später mal aussehen wird. Jeder Konstrukteur hat eine Vorstellung über das, was er konstruieren will.

Ich selbst kann keine Bauzeichnung erstellen. Für unser Haus in Daun hatte ich aber genaue Wünsche. Als wir uns für ein Grundstück interessierten, konnte ich mir schon vorstellen, wie das Haus aussehen wird, das darauf errichtet werden soll. Dabei war es ohne Belang, von welcher Seite ein Grundstück erschlossen wurde. Wir haben uns mehrere Grundstücke angeschaut und bei jedem waren die vorherigen Ideen nicht zu realisieren.

Nach dem Grundstückskauf habe ich unsere Wünsche maßstabsgerecht auf Millimeterpapier gezeichnet, oft radiert und verändert und mich mit meiner Frau abgestimmt. Die fertige Zeichnung habe ich mit allen Seitenansichten einem Bauplaner übergeben, der diese Zeichnung in Baupläne mit Normmaßen übertragen hatte. In meiner Zeichnung war z.B. eine Mauer mit einer Breite von 10 cm eingetragen, der Stein hatte aber ein Maß von 11,5 cm. Die Tür war mit 90 cm vermerkt, das Baumaß war aber 89,5 cm etc. Darum mussten bestimmte Änderungen vorgenommen werden, damit die Maße insgesamt wieder gepasst hatten. Ich konnte mir sehr gut vorstellen, wie ich durch das Haus gehen werde, wohin sich die Türen öffnen, wo die Lichtschalter und wo Steckdosen sein werden, wo die Haken im Badezimmer ihren Platz finden usw. Der Plan wurde umgesetzt und das Haus bis auf Änderungen, die wir im aufgehenden Objekt noch vorgenommen hatten, gebaut. An diesem Beispiel sehen Sie, dass Vorstellungskraft irgendwann Realität schafft. Genauso erschaffen Sie sich auch Ihre Zukunft. Was Sie sich vorstellen können, kann wahr werden.

Zu meiner Rekrutenzeit bei der Bundeswehr gab es oft Essen, an dem andere Kameraden etwas auszusetzen hatten. Ich konnte mir schon vorstellen, dass ich anstelle von Fisch eine Frikadelle, anstelle von Innereien Gulasch essen würde. Das funktionierte auch mit „Schinken mit Ei“ aus dem sogenannten Einmannpaket der Vorratshaltung. Ein sicher gewöhnungsbedürftiges Gericht und geschmacklich nicht gerade überzeugend. Da half es mir immer, wenn ich mir ein anderes Gericht plastisch und geschmacklich vorstellen konnte.

Wenn Sie sich vorstellen können, dass Sie mit einem bestimmten Auto fahren werden, werden Sie es eines Tages fahren. Sie müssen sich Ihre Zukunftswünsche intensiv vorstellen können, und zwar so, als ob Sie es schon realisiert hätten. Im „Kleinen Prinz“ von Saint-Exupéry finden wir die schöne Stelle „Um hinzukommen, musst Du schon mal da gewesen sein.“ Eine tiefgreifende

Überzeugung bringt auch Sie Ihrem Ziel näher. Trauen Sie sich, sich mutig Ihre Zukunft zu visualisieren. Schaffen Sie sich eine für Sie geeignete Vorstellungswelt. Entwickeln Sie eine Vision von dem, wie es sein wird. Allein Ihre Denkweise, Ihr Gedankengut wird diese entstehende Vision untermauern. Einige Leserinnen und Leser werden vielleicht denken, dass dies alles Luftschlösser sind. Sie verkennen dabei sicher die Wirkung auf Ihr Unterbewusstsein. Wenn Sie sich erst einmal näher damit beschäftigen, werden Sie vielleicht bedauern, sich nicht schon früher damit auseinandergesetzt zu haben.

„Wenn es einen Glauben gibt,
der Berge versetzen kann,
so ist es der Glaube
an die eigene Kraft.“
(Marie von Eber-Eschenbach)

Meine Frau kann sich anhand eines Bauplanes kein dreidimensionales Bild vorstellen. Vielleicht geht es Ihnen ähnlich. Wenn Sie sich etwas nicht konkret vorstellen können, schneiden Sie ein Bild aus und kleben es in eine Mappe, die Sie oft anschauen. Bringen Sie Ihre Vision von Ihrer Zukunft auf eine entsprechende Tafel oder auf ein Plakat, ein sogenanntes Visionboard, auf eine Traumwand oder in ein Heft. So sehen Sie immer Ihre Ziele, werden daran erinnert, etwas dafür zu tun und sind motiviert, es auch zu tun.

Setzen Sie sich regelmäßig mit Ihrer Vision auseinander, denn durch die ständige Wiederholung, gepaart mit Ihrem Willen und der Ausdauer im Tun, zeigen Sie Ihrem Unterbewusstsein, dass Sie es ernst meinen und Ihre Vorstellungen ernsthaft umsetzen wollen.

„Wenn Sie nicht daran glauben, dass Ihr Wunsch in Erfüllung gehen wird, dann werden Sie weder die nötige Ausdauer aufbringen, um auf Ihr Ziel hinzuarbeiten, noch die sich bietende entscheidende Chance wahrnehmen.“

(Napoleon Hill)

1971 nahm ich nach der Grundausbildung mit einem Kameraden an einem 4-Tage-Marsch in Nijmegen teil. Jeden Tag waren 50 Kilometer zu absolvieren. Zigtausende Marschierer nehmen jedes Jahr im Juli an diesen Märschen teil, die begeistert von der Bevölkerung verfolgt und mit viel Beifall begleitet werden. Ärzte achten darauf, dass sich niemand zu sehr quält. Wer nicht mehr gehen kann, dem wird die Laufkarte abgenommen. Ohne diese Karte erhält der Marschteilnehmer keinen weiteren Kontrollstempel und am Ende des Tages keine Karte für den nächsten Tag. Die Wegnahme der Kontrollkarte bedeutet für den Betreffenden das Aus für diesen „Vierdaagse“.

Am dritten Tag ging es in die „Berge“, den bewachsenen Kohlehalden. Nach diesem Tagesmarsch ruhte ich mich im Park aus. Ich hatte so viel Muskelkater, dass ich mich nur schwer vom Rasen erheben konnte. Mühsam schleppte ich mich zur Unterkunft. Die Wirtin glaubte nicht, dass ich am nächsten Tag noch am Marsch teilnehmen könnte. Ich bat sie, mich trotzdem um 04:00 Uhr zu wecken. Vor dem Schlafengehen stellte ich mir vor, wie frisch ich am nächsten Morgen aufstehen und die Strecke laufen würde. Zum Erstaunen meiner Wirtin hatte ich zur Weckzeit keinen Muskelkater mehr und lief meine beste Zeit während dieser Marschtage.

Das war ein Gefühl, die letzten drei Kilometer auf der St.-Anna-Straat in Richtung Zentrum von Nijmegen zu marschieren. Ein Karnevalszug in Köln ist nichts dagegen. Das war nach dieser Marschanstrengung und den Eindrücken unterwegs eine sehr bewegende und emotionsgeladene Strecke. Diese Bilder kann ich mir jederzeit wieder abrufen und daraus die nötige Kraft zu ziehen, etwas Ungewöhnliches anzupacken. Hier habe ich mir auch einen Referenzwert geschaffen, der mich durchs ganze Leben trägt.

Entwickeln Sie mit Ihrer Vorstellungskraft ein Gefühl der Vorfreude. Welche Gedanken gehen Ihnen durch den Kopf? Wie detailliert können Sie sich schon ein Ergebnis vorstellen? Wie real ist es in Ihren Gedanken? Stellen Sie sich lebhafte Bilder vor und lassen Sie alle Sinne an Ihrer Vorstellung teilhaben. Alles ist möglich. Sie begrenzen Ihre Wirkung nur durch Ihre Vorstellungskraft und Ihrem Engagement.

„Fantasie
ist wichtiger
als Wissen,
denn Wissen
ist begrenzt.“
(Albert Einstein)

Entwickeln Sie gedanklich ein erstrebenswertes Wunschbild, das so spezifisch und präzise wie nur möglich ist. Dieses für Sie sinnvolle, klare Bild betrachten Sie innerlich so oft wie möglich. Durch Ihren Glauben an das Ergebnis überzeugen Sie Ihr Unterbewusstsein, dass es Ihnen ernst ist mit der Verwirklichung Ihrer Vorstellung und die Realisierung ist nur eine Frage der Zeit. Durch die positive und unerschütterliche Einstellung weiß Ihr

Unterbewusstsein, dass Sie von der Verwirklichung überzeugt sind und Sie werden die Geistesblitze erhalten, die Ihnen den Weg weisen. Sie werden Zielführendes selektiv wahrnehmen.

„Wer sich die Zukunft nicht ausmalen kann,
ist zu ihr verdammt.
Wer sie jedoch vorher bereits virtuell erlebt,
der kann sie gestalten."

(Vera F. Birkenbihl)

- Welche Vision haben Sie entwickelt?
- Wie lange haben Sie sich heute mit Ihren Visionen beschäftigt?
- Was haben Sie heute auf Ihr Visionboard geheftet?
- Wie konkret haben Sie sich Ihre Ziele bildlich vorgestellt?
- Wie haben Sie heute den Glauben an das vorgestellte Ergebnis vertieft?
- Wie intensiv haben Sie sich vorgestellt, wie Sie einen Schritt auf Ihr Ziel zugehen?
- Was ist Ihr großes Ziel und wie haben Sie dieses in kleinere Zwischenziele heruntergebrochen?
- Welche Belohnung gönnen Sie sich, wenn Sie ein Zwischenziel erreicht haben?

Bringen Sie genügend Willenskraft auf, um Ihre Vorhaben in die Tat umzusetzen?

Es genügt nicht, dass Sie sich etwas vorstellen können, Sie müssen auch die Bereitschaft haben, dafür etwas zu tun. Die Vorstellungskraft allein reicht nicht aus, ist aber die Voraussetzung, dass etwas in Gang kommen kann. Die Vorstellung eines Lottogewinns wird Ihnen den Gewinn nicht bringen. Auch die Abgabe des Lottoscheines bringt Sie dem Traum eines Lottoglücks nicht wesentlich näher, denn die Chancen, richtig abzuräumen sind dafür zu klein. Sie haben keinen Einfluss auf die Ziehung der Gewinnzahlen.

Die Vorstellung, dass Sie viel Geld haben werden und der Wille, das zu erreichen, setzt andere Kräfte frei. Es hängt ausschließlich von Ihnen ab, ob Sie Wege finden werden, um Ihr Einkommen zu erhöhen. Mit einer entsprechenden Idee schaffen Sie es auch, sich ein sogenanntes „Passives Einkommen" zu schaffen. Das wird deshalb so genannt, weil Sie dafür nicht mehr arbeiten müssen, sondern regelmäßig Zahlungen erhalten. Als Beispiel sei hier ein Musiktitel genannt, der einmal produziert, immer wieder Lizenzgebühren oder Honorare einspielt, wenn er genügend oft verkauft wird. Sie könnten mit Ihrem Wissen einen Online-Kurs entwickeln, den Sie 24 Stunden am Tag, sieben Tage die Woche, 365 Tage im Jahr anbieten können. Egal was Sie tun möchten, Sie müssen vorher dafür arbeiten, und zwar nicht unerheblich. Wenn Sie den Willen haben, mehr zu verdienen, weil Sie Nutzen in das Leben anderer Menschen bringen, werden Sie auch einen Weg finden, um diese Kenntnisse zu monetarisieren. Vielleicht werden Sie sich für Network-Marketing interessieren. Wer weiß.

Machen Sie sich deutlich, dass nur ganz wenige Menschen „über Nacht" reich werden oder reich geworden sind. Die Erfolgreichen hatten an der richtigen Idee viele Jahre gearbeitet und auch Niederlagen eingesteckt. Ihr Erfolg baute sich langsam auf, um eventuell nach 15-20

Jahren „über Nacht“ zum Durchbruch zu kommen. Wenn Sie erfolgreich sein möchten, müssen Sie bereit sein, den Preis zu bezahlen. Von nichts kommt nichts. Geduld und Beharrlichkeit in der Umsetzung der richtigen Idee sind die Schlüssel zum Erfolg. Sie dürfen wollen.

Lassen Sie nicht nach, Ihrem Willen auch Taten folgen zu lassen. Ein „ich kann nicht“, ist bei näherem Hinsehen ein „Ich will nicht.“ Seien Sie immer bereit, jeden Tag eine Kleinigkeit für Ihren Erfolg zu tun. Jeden Tag bewusst nur eine Kleinigkeit, aber dies jeden Tag. Legen Sie sich diese Kleinigkeit fest und verpflichten Sie sich dazu, kontinuierlich dieses Minimale in die Tat umzusetzen.

„Wer etwas will –
der findet Wege.

Wer etwas nicht will,
der findet Gründe.“

(Götz Werner)

Führen Sie sich mal vor Augen, wie Kinder laufen lernen. Das Kind steht wackelig auf seinen Beinen und beim Versuch zu laufen fällt es immer wieder hin. Es wird aufstehen und versuchen einen Schritt zu gehen, angefeuert und gelobt von den Eltern, Großeltern, Tanten, Onkel usw. Niemand käme auf den Gedanken, dem Kind beizubringen, doch liegenzubleiben, weil Laufen lernen so gefährlich wäre und auch wehtut. Hier ist noch ein gutes Umfeld vorhanden und das Kind wird ermutigt, es immer wieder zu versuchen. Es hat auch die Willensstärke, weil es sein Umfeld auch auf zwei Beinen stehen sieht und das will es unbedingt auch können. Und es lernt das Laufen, weil es gelobt wird und Anerkennung findet.

Wenn Sie eine neue Arbeitsstelle wollen, reicht es nicht aus, dies nur zu wollen. Ihr Wille muss so stark werden, dass Sie sich auf Ihr Ziel hinbewegen. Sie müssen sich im Betrieb äußern, dass Sie eine andere Position ausfüllen möchten und sich dafür wiederum die erforderlichen Qualifikationen aneignen, und zwar bevor Sie die Stelle innehaben. Mit einem Wollen allein ist es also nicht getan. Stärken Sie Ihren Willen wie einen Muskel und lernen Sie, sich in kleinen Schritten auf Ihr Ziel zuzubewegen. Lassen Sie nicht zu, dass Sie etwas erreichen wollen und Sie dieses so schnell aufgeben, wie ein Strohfeuer abbrennt. Ich habe meinen Vorgesetzten immer zu verstehen gegeben, dass ich überall nichts werden kann und deshalb nicht an einem bestimmten Standort bleiben müsse. Wenn es also keine besser bezahlte Verwendung für mich geben werde, würde ich meine Arbeit lieber woanders erledigen wollen.

„Ich will,
das Wort ist mächtig,
spricht's einer
ernst und still –
die Sterne
reißt es vom Himmel –
das eine Wort:
Ich will!"

(Johann Wolfgang von Goethe)

Die Willenskraft wird Sie auf dem Weg zum Ziel auf Kurs halten. Sie ist vorwärtsgerichtet, während Ihnen Ihr „Warum" den Antrieb gibt. Die Willenskraft sorgt dafür, dass Sie sich den wichtigen Dingen widmen werden.

Sie müssen den Erfolg so sehr wollen, so sehnlich wünschen, wie jemand, der unter Wasser gedrückt wird, keine Luft hat, aber atmen will.

„Ein starker Wille
ist reine Gewohnheit."
(Alexander Kaufmann)

- Wie haben Sie sich heute Ihre Willenskraft bewiesen?
- Welcher kleine Schritt hat Sie heute näher zum Ziel gebracht?

Halten Sie Ihre Motivation?

Muss man Sie motivieren oder sind Sie von sich aus motiviert? Man sagt, dass ein guter Chef niemand motivieren kann. Er hätte die falschen Mitarbeiter. Motivieren müssen Sie sich selbst. Der Chef kann nur dafür sorgen, dass Sie nicht demotiviert werden. Wenn wir Umfragen glauben, so kommen die meisten Beschäftigten wegen der Aufgabe in ein Unternehmen und gehen schließlich wegen des Chefs, mit dem sie nicht länger in Konflikt stehen möchten.

Wenn Sie selbst nicht motiviert sind, ist es aus meiner Sicht vergebliche Mühe, Sie motivieren zu wollen. Es würde immerwährenden Einsatz erfordern, zu viel Energie kosten und nur kurzfristig wirken. Das sollte man sich ersparen.

Wissen Sie, warum Sie morgens aufstehen? Was treibt Sie an? Stehen Sie lediglich auf, weil es sein muss oder steckt mehr dahinter? Erst einmal dürfen Sie froh und dankbar sein, dass Sie wach geworden sind. Verderben Sie sich nicht den Tag durch Missmut. Wenn Sie am Montag schon schlecht gelaunt zur Arbeit gehen und hoffen, dass es bald Freitag wird, sind Sie an Ihrer Arbeitsstelle falsch. Sie sollten kündigen, bevor es Ihr Chef tut. Arbeiten Sie an Ihrer Einstellung. Wenn es Ihnen nicht gefällt, wenn Sie an Ihre Arbeit denken, treffen Sie eine Entscheidung und ändern Sie das. Seien Sie konsequent und suchen Sie sich aktiv eine neue Arbeitsstelle oder verrichten Sie mit mehr Freude und Energie Ihre jetzige Arbeit.

Was hat Sie motiviert, diese Arbeitsstelle anzunehmen? Zur Erinnerung: Es war Ihre Entscheidung. Wenn Sie jetzt für diese Arbeit nicht mehr motiviert sind, liegt es ausschließlich an Ihnen, etwas zum Positiven zu verändern – notfalls mit einer Kündigung.

Wenn Ihnen nichts weiter einfällt, als dass Sie sich das alles „antun", um Geld zu verdienen, sind Sie überbezahlt. Sie müssen einen Job haben, für den Sie brennen und bei dem Sie sich auf Montag freuen. Wenn das nicht der Fall ist, suchen Sie so lange bis es passt, aber denken Sie daran, dass Sie sich selbst ja in den neuen Job mitnehmen.

Wenn Sie demotiviert sind, weil man Sie nicht befördert hat oder Ihnen nicht mehr Geld bezahlt, fragen Sie sich doch einmal, ob Ihr Arbeitgeber überhaupt davon weiß, dass Sie wertvoller für die Firma geworden sind. Er wird mit Sicherheit in den seltensten Fällen von sich aus auf Sie zukommen und Ihnen mehr anbieten. Ergreifen Sie die Initiative und machen Sie Ihren Vorgesetzten deutlich, welchen Mehrwert Sie bieten. Das Gespräch wird allerdings für Sie nur erfolgreich verlaufen, wenn Sie vorbereitet sind und darstellen können, was Sie für das Unternehmen leisten.

Mein Enkel Raul erlernt seinen Beruf im Heizungs- und Sanitärhandwerk. Die Drecksarbeit darf er machen, während der Geselle nur zuschaut und sich mit WhatsApp beschäftigt. Das kann man beklagen, man kann es aber auch als Chance sehen. Mein Enkel wird viel lernen, weil er vieles selbst machen muss und aus Fehlern lernt. Seine Chance kommt, wenn seine Lehrzeit zu Ende ist. Bis dahin wird er seine Motivation halten und dann selbstbewusst seinen Wert für die Firma kommunizieren können.

Machen Sie sich Ihre Ziele klar. Was motiviert Sie an Ihrem Ziel? Legen Sie sich Ihre Zielformulierung als Hintergrundbild auf Ihr Handy. So werden Sie jedes Mal, wenn Sie zum Handy schauen, motiviert, an Ihren Zielen zu arbeiten.

Vergleichen Sie sich nie mit anderen, die weitergekommen sind als Sie. Es wird Sie demotivieren, denn es gibt immer Menschen, die weiterkommen. Darauf kommt es nicht an. Sie tun sich selbst einen Gefallen, wenn Sie sich ausschließlich mit sich selbst vergleichen und sich vornehmen, jeden Tag etwas besser zu werden. Das Gras auf der anderen Seite des Grundstücks ist auch nicht grüner und die gleichen Äpfel vom Nachbargrundstück schmecken auch nicht besser.

Suchen Sie ein Ziel, das Sie bereits motiviert, wenn Sie auf dem Weg zum Ziel sind. Der Weg ist das Ziel für die Motivation. Ziehen Sie die Kraft zum Handeln aus einem Ziel, das größer als Sie ist. Das können Projekte zum Gemeinwohl sein. Auf dem Weg dahin werden Sie durch die Erfolge weiter motiviert. Vermeiden Sie Konkurrenzdenken. Es fokussiert Sie zu sehr auf andere. Es zählt ausschließlich, was Sie selbst leisten und bereit sind, künftig zu leisten.

Mich motiviert, dass ich immer in der Lage sein möchte, meinen Kindern und Enkeln zu helfen und ihnen in jeder Lebenslage beistehen zu können. Außerdem möchte ich Geld, das nicht für die Familie gebraucht wird, für größere Zwecke einsetzen.

Trauen Sie sich zu, Ihr gewohntes und liebgewonnenes Umfeld, in dem Sie sich so schön eingerichtet haben, zu verlassen und Neues mit einer gehörigen Portion Motivation anzugehen. Das Neue birgt zwar die Gefahr des Scheiterns, aber mit jedem Scheitern werden Sie etwas Erfahrung gewinnen und sich weiterentwickeln. Lernen Sie aus Rückschlägen. Fehler sind für den Lernprozess nützlich, vorausgesetzt, Sie machen den gleichen Fehler nicht mehrmals. Fehler dürfen Ihrer Motivation nicht schaden.

Ursache bringt Wirkung hervor und Wirkung ohne Ursache gibt es nicht. Letztlich wird Sie nur Ihr Tun von den Erfolglosen unterscheiden. Dirk Kreuter konstatiert in seinen Seminaren „Was ist das Gegenteil von Erfolg? – Misserfolg ist es nicht. Nichtstun ist das Gegenteil von Erfolg!“ Der Erfolg gehört den Tätigen. Und Erfolg, wie Sie ihn definieren mögen, motiviert, davon mehr zu bekommen. Je erfolgreicher Sie werden, umso mehr Motivation werden Sie spüren.

Schauen Sie wieder auf Kinder: Sie lernen Laufen, weil sie das, was sie sehen, nachahmen und so lange üben, bis sie es können. Und was tut das Umfeld? Es sagt nicht „Bleib doch liegen, Du könntest Dir wehtun.“ Nein, ganz im Gegenteil: Alle loben und finden es großartig, mitzuerleben, wie ein Kind Laufen lernt. Und den Eltern treibt es Tränen vor Stolz in die Augen. Schon die Kinder werden durch Erfolg am besten motiviert.

Nichts wird sich in Ihrem Leben ändern, außer Sie selbst ändern sich. Den positiven Unterschied machen – das kann Sie unglaublich motivieren. Machen Sie den Unterschied und warten Sie nicht darauf, dass sich andere ändern. Ihre Motivation wird beispielhaft werden, wenn Sie erst einmal angefangen haben, bei sich Veränderungen vorzunehmen.

- Wie haben Sie heute Ihr Geld verdient?
- Worin sind Sie heute besser geworden?
- Was haben Sie heute getan, damit Sie auch morgen motiviert aufstehen werden?

Wie viel Disziplin können Sie aufbringen?

Es wird Sie verwundern, vielleicht mögen Sie das gar nicht hören: Ohne Disziplin geht es nicht! Vielleicht mögen Sie das Wort nicht. Ersetzen Sie es gerne durch „Beharrlichkeit“ oder ähnlichen Begriffen.

Die besten Beispiele für Disziplin finden Sie im Sport oder in der Musik. Um Spitzenleistung zu bringen, müssen Sie trainieren. Da reicht eine halbe Stunde in der Woche niemals aus. Spitzensportler trainieren jeden Tag viele Stunden. Immer wieder und immer wieder. Spitzensportler haben außerdem ihren persönlichen Trainer. Große Musiker übten über viele Jahre täglich mehrere Stunden mit ihrem Instrument, haben es zur Hauptbeschäftigung gemacht und auf vieles verzichtet.

Viele bewundern sportliche Spitzenleistungen oder großartige Konzerte. Schauen Sie mal dahinter. Da wurde jede freie Zeit genutzt, um so gut zu werden, dass man Weltklasseniveau erreicht. Das geht nur, wenn Sie wissen, warum Sie das machen und sich immer wieder selbst motivieren können. Ein hohes Leistungsniveau können Sie nur erreichen, wenn Sie sehr diszipliniert vorgehen.

Es wird einfacher, wenn Sie Ihrem Tag eine Struktur geben. Zu bestimmten Zeiten erledigen Sie bestimmte Aufgaben, so dass Sie wie beim Autofahren nicht mehr darüber nachdenken müssen. Daraus machen Sie ein Ritual.

„Disziplin bedeutet:
Dinge, die man hasst,
so zu tun,
als würde man sie lieben!"

(Mike Tyson)

Ich mache zuerst die Liegestütze, dann laufe ich, danach kommen die gymnastischen Übungen, dann trinke ich warmes Wasser. Nach dem Duschen frühstücke ich, höre einen Podcast und lese. Wenn Sie so etwas jeden Tag machen, wird daraus Routine. Es entsteht eine Gewohnheit, die Ihnen helfen wird. Und gute Gewohnheiten wollen Sie nicht mehr ändern. Die Disziplin bringt Ihnen kontinuierliche Verbesserungen.

Es gibt keine Ausreden zu Wetter oder Wochentag. Jeden Tag ist es einmal 05:15 Uhr. Entweder bin ich wach und stehe dann auf – evtl. auch schon vor der Weckzeit – oder ich werde von Signaltönen aufgeweckt. Dann ist es egal, ob ich noch müde bin oder ob es gerade Sonntag ist. Ich habe mit mir die Vereinbarung getroffen, dass ich um 05:15 Uhr aufstehe. Dann ist es auch nicht von Bedeutung, ob es in Strömen regnet oder ob es draußen gefroren ist. Dann stehe ich auch auf, wenn ich ausnahmsweise erst um 03:00 Uhr ins Bett gegangen bin. Was andere darüber denken, ist mir egal. Ich habe diese Routine mit mir vereinbart und daran halte ich mich, unabhängig davon, wo ich bin!

„Gute Gewohnheiten bilden sich nur schwer,
aber man lebt sehr viel leichter mit ihnen.
Schlechte Gewohnheiten bilden sich leicht,
machen aber das Leben schwer."

(Ed Foreman)

Wenn Sie abnehmen wollen und für sich festgelegt haben, dass Sie nicht mehr die „Reste" aufessen werden, dann bleiben Sie dabei. Auch wenn sich das Aufheben der Restmahlzeit vermeintlich nicht lohnt und zum Wegwerfen zu schade ist. Verzichten Sie beim Fernsehen auf Chips und seien Sie konsequent. Wenn Sie sich vorgenommen haben, nur noch eine bestimmte Menge an Zigaretten zu rauchen, bringt die Disziplin Sie dazu, es auch zu tun. Die Disziplin lässt nicht zu, dass Sie sich Ausnahmen erlauben.

Wenn Sie sich Wissen einverleiben wollen und einen Weg dazu gefunden haben, bleiben Sie dabei und hören beispielsweise eine Podcastfolge oder lesen in einem Buch zu bestimmten Zeiten. Bleiben Sie sich selbst treu. Wenn es Ihr Tagesrhythmus nicht zulässt, dass Sie innerhalb Ihres gewohnten Zeitrasters aktiv werden, ändern Sie Ihre Zeiten. Bei mir hat sich 05:15 Uhr als eine gute Zeit für den Beginn meiner Aktivitäten ergeben.

Forscher haben festgestellt, dass es eine bestimmte Zeit braucht, bis neue Aktivitäten zur Gewohnheit werden. In Forschungsergebnissen liegen die Zeiten weit auseinander. Von rund einem Monat bis zu einem Jahr. Also geben Sie nicht gleich auf.

Bringen Sie die Disziplin auf, kleine Änderungen zu bestimmten Zeiten zu übernehmen und diese solange beizubehalten, bis daraus eine Gewohnheit wird. Nehmen Sie sich drei Monate vor und bewerten Sie dann, ob Sie das in der Form oder in einer veränderten Weise weitermachen möchten. Wenn Sie noch wissen, warum Sie die Änderungen vorgenommen haben, werden Sie weitermachen. Natürlich können Sie sich dann auch andere Gewohnheiten aneignen. Aber bleiben Sie diszipliniert dabei.

„Man muss das Unmögliche versuchen,
um das Mögliche zu erreichen.“
(Hermann Hesse)

Übernehmen Sie mit Disziplin nur die Änderungen in Ihrem Leben, die Sie weiterbringen. Es wäre sonst so, als ob Sie mit Aufwand eine Leiter an eine Wand angestellt hätten und erst oben auf der Leiter merken würden, dass Sie diese an die falsche Wand gestellt hätten. Aktivitäten nur des Selbstzweckes wegen nützen Ihnen nichts. Was Sie tun, muss in Verbindung zu Ihren Zielen stehen.

Bringen Sie die Wunschveränderungen in Ihren Alltag unter, möglichst immer zu gleichen Zeiten. Tun Sie diszipliniert das, was getan werden muss. Sie haben sich etwas vorgenommen und deshalb gibt es keine Ausreden. Wenn Sie überzeugt sind, dass es machbar ist, erzählen Sie es Ihren Bekannten und Freunden. Das bringt eine gewisse Verpflichtung, es auch zu tun, denn Sie wollen ja nicht unglaubwürdig werden, schon gar nicht im Bekanntenkreis. Den größten Erfolg werden Sie erzielen, wenn Sie sich von Anfang an nur kleine Veränderungsschritte vornehmen.

„Tue erst das Notwendige,
dann das Mögliche,
und plötzlich schaffst Du
das Unmögliche."
(Franz von Assisi)

Disziplin ist das konsequente und unersättliches Durchhalten einer Aktivität, die Sie Ihrem Ziel näherbringen wird. Trainieren Sie Ihr Durchhaltevermögen. Bleiben Sie mit Beständigkeit an der Verfolgung Ihrer Ziele.

- Welche Gewohnheiten haben Sie sich zugelegt?
- Welche Gewohnheit werden Sie verändern?
- Welche Gewohnheiten würden Sie gern haben?
- Welche kleine Aktivität haben Sie sich auferlegt, die Sie jetzt mit Disziplin verfolgen?
- Was werden Sie künftig mit Beharrlichkeit verfolgen?

Können Sie den Fokus auf einer Sache halten?

Nur das wird groß werden, worauf Sie Ihr Augenmerk richten. Wie ein Brennglas die Sonnenstrahlen bündelt, wirkt die Energie, wenn Sie sich auf ***eine*** Sache konzentrieren. Wenn Sie zwei Hasen zur gleichen Zeit jagen wollen, werden Sie keinen erwischen. Den Fokus auf der einen Sache können Sie nur halten, wenn Sie nicht zu viel parallel erledigen. Ein Jongleur kann auch nur eine begrenzte Anzahl an Bällen in der Luft halten. Treffen Sie eine Entscheidung, worauf Sie sich künftig konzentrieren möchten.

Es ist eine Illusion, wenn Sie glauben, Multitasking würden Sie beherrschen. Sie können zwar ein Multitalent sein, dies aber nur nacheinander und nicht gleichzeitig ausleben. Erfolgreiche Menschen versuchen nicht, alles zu erledigen. Sie lernen stattdessen, sich auf die wichtigsten Aufgaben zu konzentrieren und sicherzustellen, dass diese erledigt werden. Sie wissen, dass der Mensch nicht mehrere Gedanken gleichzeitig denken kann.

Sie kennen sicher das Pareto-Prinzip, welches besagt, dass Sie mit 20 Prozent Aufwand 80 Prozent des möglichen Ergebnisses erzielen und umgekehrt, dass Sie 80 Prozent Aufwand betreiben müssen, um noch die restlichen 20 Prozent zur Maximierung zu erreichen. Auch Pareto-Pareto fokussiert: Von den 20 Prozent, mit denen Sie das 80-Prozent-Ergebnis erzielen, konzentrieren Sie sich auf weitere 20 Prozent, das ergibt von 100 Möglichkeiten vier maßgebliche Tätigkeiten, auf die Sie den Fokus richten sollten. So ist es auch mit dem Umgang mit der Zeit: Ein Bruchteil unserer Zeit hat einen größeren Einfluss auf alles, was wir tun. Konzentrieren Sie sich also auf die Tätigkeiten, die das größere Ergebnis ermöglichen. Vergeuden Sie nie die Zeit mit Unwichtigem! Machen Sie nicht irgendetwas – das ist leicht, machen Sie etwas, das auch zielführend ist.

Welche eine Aufgabe muss heute erledigt werden, damit alle anderen Arbeiten leichter werden? Was ist heute die eine Handlung, die Sie Ihrem Ziel näherbringt? Machen Sie genau das! Konzentrieren Sie sich auf das Wesentliche und eliminieren Sie die Ablenkmöglichkeiten. Ersparen Sie sich nutzlose Beschäftigungen.

„Versuche nicht
zu viele Dinge
auf einmal zu tun.
Wisse, was du willst,
was die wichtigste Sache
heute und morgen ist.
Bemühe dich beharrlich und schaffe es."

(George Allen)

Kümmern Sie sich um Ihre Ziele dann, wenn Sie die größte Energie haben. Das werden im Regelfall die ersten vier Stunden Ihrer Arbeitszeit sein. Erledigen Sie in dieser Zeit das Wichtigste und am Nachmittag die anderen Aufgaben. Solange Sie das Wichtigste nicht erledigt haben, ist alles andere nur Ablenkung! Fragen Sie sich immer wieder, ob das, was Sie gerade machen Ihren Zielen dient.

Erfolgreiche haben gelernt, sich auf die wichtigsten Aufgaben zu konzentrieren und sicherzustellen, dass diese erledigt werden. Sie versuchen nicht, alles zu erledigen.

„Nehmen Sie sich weniger vor,
aber tun Sie das Wenige umso besser."

(Jack Canfield)

Ich schreibe mir abends drei Punkte auf, die ich am nächsten Tag als Erstes erledigen werde. Die schwierigste oder unangenehmste Aufgabe arbeite ich am nächsten Tag zuerst ab. Wenn sich etwas nicht wie vorgenommen erledigen lässt, hat das für den dann folgenden Tag eine höhere Priorität. Das können Sie auch. Erledigen Sie wichtige Aufgaben, bevor sie dringend werden. Meiden Sie die Kaffeemaschine und den Tratsch am Arbeitsplatz, zumindest solange, bis Sie Ihre wichtigsten Aufgaben erledigt haben.

„Etwas Unwichtiges
wird auch dadurch,
dass man es gut erledigt,
nicht zu etwas Wichtigem."
(Timothy Ferriss)

Lassen Sie sich bei Ihrer Arbeit nicht von WhatsApp oder eingehenden Mails ablenken. Sie werden zu lange brauchen, um wieder in den Arbeitsfluss zu kommen. Wenn Sie konzentriert arbeiten, sollten auch Ihre Kollegen nicht stören. Reduzieren Sie die Störmöglichkeiten. Wenn Sie während Ihrer Arbeit ins Internet müssen, nehmen Sie wenigstens ein neutrales Startbild und nicht die Startseite, die Ihnen der Browser anbietet, mit all den neuesten Nachrichten. Eine solche Seite zieht die Aufmerksamkeit von dem ab, was Sie gerade tun wollen.

Reduzieren Sie Ihre Tätigkeiten auf das Wesentliche und machen Sie diese wenigen Dinge außerordentlich gut! Wenn Sie viel in kurzer Zeit erledigen wollen, machen Sie immer nur eine Sache. Sie werden feststellen, dass Sie in kürzerer Zeit mehr leisten und trotzdem ausgeruht bleiben. Vor allem werden Sie feststellen, dass auch andere die Veränderungen erkennen. Sie leisten damit weitaus mehr, um Ihren Wert nicht nur zu behalten, sondern zu erhöhen. Konzentrieren Sie sich auf das, was Sie wollen und nicht auf das, was Sie nicht wollen. Machen Sie sich Gedanken über einkommenserhöhende Tätigkeiten.

„Wir verbessern uns nicht,
indem wir auf bessere Umstände hoffen,
sondern indem wir das Beste
aus dem machen, was wir haben."

(Bodo Schäfer)

Vieles wird Ihnen im Leben leichter gelingen, wenn Sie fokussiert bleiben.

Stellen Sie sich folgendes Experiment vor: Sie haben ein Gefäß, Wasser, Sand und eine größere Anzahl an Kieselsteinen in unterschiedlichen Größen. Wenn Sie zuerst Wasser und Sand, dann die kleineren Kieselsteine einfüllen, wird es Ihnen nicht gelingen, die größeren Kieselsteine im Gefäß unterzubringen. Legen Sie jedoch die größeren Steine zuerst ins Gefäß – als Sinnbild für die wichtigsten Aufgaben –, haben die kleineren Kieselsteine noch Platz, der Sand rieselt in die Zwischenräume und zum Schluss können Sie noch das Wasser eingießen.

Meist ist es in der täglichen Arbeit jedoch so, dass wir uns um Kleinigkeiten kümmern und die verbleibende Zeit nicht mehr lohnt, etwas Größeres anzufangen. Beginnen Sie deshalb mit dem Wichtigsten. Tragen Sie sich wichtige Aufgaben in Ihren Kalender ein und halten Sie sich daran. Ein Kalendereintrag sollte Ihnen so wichtig sein, wie der Besuch bei einem wichtigen Kunden. Ordnen Sie nie wichtige Dinge den unwichtigen unter. Stellen Sie sich vor, wo Sie in fünf Jahren sein werden, wenn Sie die Dinge konsequent verfolgen, die Ihnen wichtig sind und wo, wenn Sie das nicht tun.

- Worauf werden Sie sich heute fokussieren?

- Was wird morgen Ihr Fokus sein?
- Was sind heute Ihre drei wichtigsten Aufgaben?
- Was hat heute Priorität?

Wie beeinflusst Sie Ihr Umfeld?

Ihr Umfeld hat einen wesentlichen Einfluss auf Ihr Leben, Ihr Wohlbefinden und auch auf das, was Sie so denken. Sie sind Teil einer Gemeinschaft, aus der Sie nur schwerlich ausbüxen können. In frühmenschlichen Zeiten konnten die Menschen nur in der Sippe überleben. Menschen wollen Zugehörigkeit und innerhalb des „Rudels" Anerkennung. Die Menschen konnten durch die Verbundenheit gemeinsam Aufgaben bewältigen und durch das Zusammenstehen bei Gefahren den Fortbestand der Art sichern. Hat sich früher jemand nicht entsprechend der „Gruppenregeln" verhalten, wurde er ausgestoßen, was seinen sicheren Tod bedeutete. Diese Prägungen von Zugehörigkeit und Anerkennung sind in unseren Gehirnen noch heute erhalten geblieben.

Einerseits versucht die Gemeinschaft, Sie in der Gruppe zu halten, andererseits wollen Sie dazugehören und von der Gruppe die Anerkennung. Wenn dies im Konflikt mit Ihren Zielen steht, gibt es zwei Möglichkeiten: Sie verabschieden sich von Ihren Träumen und von Ihren Zielen und bleiben in der Gruppe oder Sie verlassen die Gruppe und gehen Ihren Weg. Es ist Ihre Entscheidung. Heute ist das nicht mehr lebensgefährlich. Heute können Sie außerhalb des „Rudels" überleben, sehr gut sogar. Wenn Sie vorwärtskommen wollen, brauchen Sie die Gesellschaft mit denjenigen, die bereits dort sind, wohin Sie wollen. Sie brauchen den Einfluss und die Ideen anderer Menschen und den Austausch mit ihnen. Sorgen Sie dafür, dass Sie dort sind, wo neue Gedanken diskutiert werden.

Nach Jim Rohn sind Sie der Durchschnitt der fünf Menschen, mit denen Sie die meiste Zeit verbringen. Die meiste Zeit werden Sie in der Regel mit Menschen verbringen, die Ihnen selbst ähnlich sind. So wird Ihr Umfeld zu Ihrem Spiegel. Alles, was Sie dort sehen, sind eigentlich Sie, denn Ihre Erwartung beeinflusst Ihre Wahrnehmung und Ihre Wahrnehmung bestimmt Ihre Realität! Sie werden sich dort wohlfühlen, wo Sie Ähnlichkeiten feststellen.

Ihr Umfeld hat einen so großen Einfluss auf Sie, dass es Teil Ihrer eigenen Identität ist. Hat Ihr Umfeld das, was Sie haben möchten, können Sie über Ihr Umfeld das bekommen, was Sie begehren, bringt Sie Ihr Umfeld in Ihrer Entwicklung weiter? Wählen Sie entschlossen Ihre Verbündeten und leben Sie nicht mehr für die Interessen anderer. Schotten Sie sich gegen die Prioritäten anderer Menschen ab. Es sind nicht Ihre Prioritäten. Leben Sie Ihr eigenes Leben.

Wenn Sie sich ständig mit Negativem beschäftigen, wird sich das so verfestigen, dass Sie unterbewusst dieses erwarten, geradezu verlangen und Sie werden es bekommen. Das betrifft die Erwartungen, mit denen Sie sich selbst beschäftigen. Anders verhält es sich mit Erwartungen an andere. Erwarten Sie da nichts und Sie werden nicht enttäuscht werden. Von einem sehr guten Freund habe ich den Hinweis erhalten, dass ich möglicherweise von meinen Mitmenschen zu viel erwarte und deshalb manchmal enttäuscht bin, wenn diese Erwartung nicht annähernd bedient wird. Seither gebe ich mir Mühe, weniger oder nichts mehr zu erwarten. Und siehe da, ich rege mich auch nicht mehr auf, wenn z.B. Rebecca ihr Zimmer nicht aufräumt. Auch meine Enkelin ist entspannter.

Sie wissen genau, wie schwer es Ihnen fällt, etwas bei sich zu ändern. Warum versuchen Sie trotzdem, bei anderen etwas zu verändern, wenn Sie doch wissen, dass es bei sich selbst so schwer ist? Fangen Sie bei sich an!

Wenn Sie sich also verändern, verändern Sie auch Ihr Umfeld. Das wird nicht sofort sichtbar oder bemerkbar. Aber gehen Sie Ihren eigenen Weg! Das Gesetz der Resonanz wie auch das Gesetz der Anziehung besagt, dass Gleiches Gleiches anzieht und sich verstärkt. Ungleiches stößt einander ab. Demnach zieht Erfolg auch Erfolg an. Achten Sie darauf, mit wem oder mit was Sie sich umgeben. Sie können auch an Ihrem Umgang erkennen, wer Sie aktuell sind. Sie kennen den Spruch „Zeige mir, mit wem Du umgehst und ich zeige Dir, wer Du bist." Die Menschen um Sie herum werden Sie nicht ändern können, aber Sie können selbst bestimmen, wer in Ihrem Umfeld ist und wer Sie beeinflussen darf. Kontrollieren können Sie einzig Ihre eigenen Gedanken. Warum machen Sie also sich Sorgen um die Gedanken anderer?

Auf Seminaren werden Sie neue Ideen und Inspirationen bekommen. Erzählen Sie Ihrem Umfeld nichts davon. Ihre Familienangehörigen, Freunde und Kollegen waren nicht dabei und werden Sie nicht verstehen, weil der Kontext fehlt. Im Kollegenkreis wird es vielleicht heißen „Warte ab, das geht wieder vorüber" oder man wird Ihnen die Frage stellen, was Sie „genommen" haben. Ihr Umfeld wird Einfluss auf Sie nehmen, damit Sie von Ihrem Vorhaben Abstand nehmen. Man gönnt Ihnen die

Weiterentwicklung, möchte aber nicht, dass Sie sich zu weit von der Gruppe entfernen. Unterbewusst wissen die Menschen in Ihrer Umgebung, dass sie auf längere Sicht selbst Änderungen vornehmen müssen, will man mit Ihnen mithalten. Sie werden deshalb Ratschläge bekommen, so zu bleiben, wie Sie sind. So kennt man Sie und so werden Sie wertgeschätzt. Schön im „Biotop" bleiben, denn dann muss man sich selbst nicht verändern und kann gemeinsam in einer Komfortzone bleiben. Sie wollen aber etwas anderes! Das andere liegt immer außerhalb Ihrer Komfortzone! Um dahin zu kommen, müssen Sie sich bewegen. Die Weiterentwicklung liegt immer außerhalb Ihrer Komfortzone.

„Wer immer tut,
was er schon kann,
bleibt immer das,
was er schon ist."
(Henry Ford)

Auch wenn Sie Ihr Umfeld mit einer neuen Idee konfrontieren, werden Sie eher negative Bemerkungen hören. Das bringt Sie nicht weiter. Wenn Ihre Bekannten schon wissen, dass Ihre Idee nicht funktionieren wird, hinterfragen Sie das mit „Woher wissen Sie das?". Sie werden keine stichhaltige Antwort bekommen, weil denen selbst eine entsprechende Erfahrung fehlt. Es können also nur Mutmaßungen sein. Das kann kein Grund sein, Sie von der Umsetzung Ihrer Absichten abzuhalten. Setzen Sie Ihre Ideen trotzdem um, fangen Sie einfach an. Über das Tun sammeln Sie Erfahrung. Mit dem unablässigen Tun unterlaufen Ihnen auch Fehler, Sie merzen diese aus, werden besser, und schließlich kommt der Erfolg zu Ihnen.

Ich habe für mich drei Stufen des Erfolges definiert:

1. Stufe: Man belächelt mich. „Er schon wieder!", „Das geht doch gar nicht!", „Wieso ausgerechnet Du?", „Das wird nie funktionieren!" Viele solcher Bemerkungen zeigen mir, dass ich auf dem richtigen Weg bin. Denn dann habe ich schon mal etwas gefunden, was ich anders mache. Mein Umfeld hält mich nicht mehr auf und kann mich nicht verunsichern.

2. Stufe: Man bekämpft mich. Ich bekomme Gegenwind und spüre die Reaktionen der Mitbewerber, sogar der Freunde „Wenn Du das machst ...". Auch Drohungen erschüttern mich nicht. Ganz im Gegenteil: Ich brauche den Gegenwind. Einerseits prüfe ich, ob ich auf Kurs bin und andererseits weiß ich, dass man mich nicht bekämpfen würde, wenn ich falsch liegen würde.

3. Stufe: Man macht mich nach. Das ist für mich der größte Erfolg. Während vorher verständnislos gefragt wurde, warum ich das mache, lautet jetzt die Frage „Wie hast Du das gemacht?". Nachgemacht zu werden ist für mich die höchste Form der Anerkennung.

„Halte Dich fern von Menschen,
die Deine Träume klein reden wollen.
Kleine Menschen tun das immer.
Große Menschen
geben Dir das Gefühl,
dass auch Du
groß werden kannst."

(Mark Twain)

Mahatma Gandhi: „Zuerst ignorieren sie Dich, dann lachen sie über Dich, dann bekämpfen sie Dich, und dann gewinnst Du." Oder Mark Twain: „Jeder Mensch mit einer neuen Idee ist ein Spinner. Bis die Idee Erfolg hat."

Trennen Sie sich von der Vorstellung, es jedem recht machen zu können. Sie werden nie ans Ziel kommen, wenn Sie auf alle Rücksicht nehmen wollen.

Von Robert Lembke stammt das Bonmot, dass man Mitleid geschenkt bekommt, während man sich Neid verdienen muss. Da will ich mir schon lieber den Neid verdienen. Ich bin nicht neidisch. Ich weiß, es würde zu Unzufriedenheit führen und kann Selbstzweifel und Selbstmitleid hervorrufen. Ich kann gönnen und freue mich über die Erfolge, die andere erzielen.

Fragen Sie Menschen, die schon dort sind, wo Sie hinwollen. Stellen Sie Fragen und hören Sie zu. Machen Sie Fehler und lernen Sie daraus. Geben Sie nicht auf, wenn Sie von Ihren Mitmenschen hören, dass Sie nicht die Qualifikation haben oder das Vorhaben eine Nummer zu groß für Sie sei. Meist traut man Ihnen nicht zu, dass Sie große Vorhaben packen können. Glauben Sie lieber an sich und an Ihre Fähigkeiten. Sie haben alles, was Sie brauchen. Und was Sie noch nicht haben, werden Sie sich aneignen und sich so entwickeln. Ignorieren Sie die Meinungen in Ihrem Umfeld, solange man versucht, Sie auszubremsen.

Wenn Ihr Umfeld Sie mit negativen Äußerungen herunterzieht, verbringen Sie weniger Zeit mit diesen Menschen. Trennen Sie sich von ewigen Jammerern. Scheuen Sie sich nicht, klar anzusprechen, dass Sie Jammerei nicht mehr hören möchten. Es gibt Menschen, die merken nicht, wie sehr sie mit Gejammer nerven. Man muss es ihnen sagen. Einigen sogar sehr deutlich. Ich habe mir rote Karten mit einem entsprechenden Text drucken lassen. Die Mustervorlage finden Sie im Anhang.

Setzen Sie sich einmal bewusst mit Ihrem Umfeld auseinander. Schreiben Sie in eine Liste, welche 20% der Menschen aus Ihrem Umfeld für 80% dafür sorgen, dass Sie negative Gefühle haben. Machen Sie das Gleiche mit den Tätigkeiten, die Sie verrichten. Erkennen Sie, was Sie tun sollten?

Suchen Sie sich Kontakte, die Sie inspirieren und weiterbringen. Gleichgesinnte treffen Sie auf Seminaren. Kommen Sie mit ihnen in Kontakt. Bleiben Sie in Verbindung, schließen Sie sich eventuell einer regionalen Gruppe an. Sprechen Sie mit diesen Bekannten über Ihre Ziele. Das macht die Sache verbindlicher und Sie erhalten Unterstützung. Bauen Sie sich ein Netzwerk auf oder schließen Sie sich nur Netzwerken an, die Sie weiterbringen.

Meiden Sie den Kontakt mit destruktiven Menschen. Wenn es sich nicht vermeiden lässt, reduzieren Sie auf jeden Fall die Zeit, die Sie mit diesen Menschen verbringen.

„Verschwenden Sie keinen Gedanken
an Leute, die Sie nicht mögen."
(Dwight D. Eisenhower)

Die Trennung von lieb gewonnenen Freunden ist schmerzlich. Aber Sie wollen sich weiterentwickeln. Ihr Umfeld hindert Sie auch deshalb daran, weil es Angst davor hat, Sie zu verlieren. Fragen Sie sich deshalb, ob Sie Ihr derzeitiges Umfeld näher dahin bringt, wohin Sie wollen. Wenn ja, ist das gut für Sie. Wenn nicht, sollten Sie daran etwas ändern.

Was können Sie mindestens tun? Legen Sie sich eine Liste mit allen Ihren Bekannten und Freunden an. Vermerken Sie, was Sie von diesen Menschen lernen können und ob sie grundsätzlich eher negativ oder eher positiv eingestellt sind. Erhöhen Sie die Zeit mit denen, die Ihnen Freude bringen. Reduzieren Sie die Zeit mit Energievampiren.

Meiden Sie Leute, die Sie ständig mitfühlend bedauern. Der Umgang mit diesen Menschen hält Sie in dem Glauben, dass Ihnen diese helfen würden, weil Sie Ihnen Trost spenden. Prüfen Sie, ob diese Menschen Ihnen wirklich helfen. Dann geht es Ihnen nach einem Kontakt mit ihnen besser. Wenn Sie erkennen, dass diese Hilfe nichts bringt, Sie darin bestätigen sollte, dass Sie ja ohne diese Hilfe nicht zurechtkommen, dann trennen Sie sich von ihnen. Sie können, wenn Sie wollen.

Fügen Sie Ihrem Bekanntenkreis diejenigen hinzu, von denen Sie lernen können. Vergrößern Sie so stetig Ihr Netzwerk. Schreiben Sie auch auf Ihre Liste die Personen, die Sie kennenlernen möchten. Geben Sie neuen Bekannten Hilfe, machen Sie andere groß und es wird nicht lange dauern, bis sich Ihre Verbindungen positiv auswirken.

- *Mit welchen Menschen umgeben Sie sich?*
- *Wer hat Sie heute am Fortkommen gehindert?*
- *Was haben Sie heute von einem anderen Menschen gelernt?*
- *Welche Erfahrungen haben Sie heute gemacht?*
- *Wem konnten Sie helfen?*

- *Weshalb waren Sie heute ein positives Beispiel für Ihr Umfeld?*
- Wen hätten Sie gern in Ihrem Netzwerk?

Was sind Ihre Ziele im Leben?

Sie brauchen Ziele im Leben, allein schon deshalb, um anzukommen. Am Fahrkartenschalter bringt Sie die Bestellung „Bitte eine Fahrkarte“ nicht zu einem Ziel. Man will von Ihnen wissen, wohin Sie fahren möchten. Wer soll Ihr Ziel kennen, wenn nicht Sie? Wenn Sie ein Navigationsgerät benutzen, müssen Sie ein Ziel eingeben. Das Gerät übernimmt unterwegs nur die Anpassung und siehe da, Sie erreichen das eingegebene Ziel. So brauchen Sie auch im Leben ein Hauptziel und mehrere kleinere Ziele, die sich aus dem großen Ziel ableiten. Wenn Sie Ziele haben, kommen Sie auch ins Handeln. Die Anpassungen nehmen Sie vor, weil Sie lernen. Erstellen Sie sich eine Erfolgsliste. Sie bringt Sie Ihren Zielen näher als eine To-do-Liste, denn mit einer To-do-Liste arbeiten Sie nur ab und die Liste wird immer länger bzw. bekommt ständig neue Inhalte. Die Erfolgsliste zeigt Ihnen Ihre Ziele und Teilziele, bilanziert das Erreichte und zeigt Ihnen, in welche Richtung es weiter geht.

„Nur wer sein Ziel kennt,
findet den Weg.“
(Laotse)

Ihre Ziele sollten anspruchsvoll sein, damit Sie sich anstrengen müssen. Sind es nur kleine Ziele, werden Ihnen die damit verbundenen Aufgaben leichtfallen, weil alle Aktivitäten noch in Ihrer Wohlfühlzone liegen und Sie keine wesentliche Anstrengung unternehmen müssen. Die Erreichung eines kleinen Ziels schütteln Sie gewissermaßen aus dem Ärmel. Nur, wenn die Ziele so groß sind, dass sie Ihnen Angst machen könnten, sind Sie aufgefordert, Ihre Komfortzone zu verlassen. Für große Ziele werden Sie andere Wege beschreiten müssen. Sie werden Grundsätzliches ändern müssen. Sie dürfen dabei Neues lernen und das Gelernte kontinuierlich umsetzen. Damit entwickeln Sie sich weiter und die Erweiterung der Komfortzone wird selbst zur neuen, verbesserten Komfortzone.

Seien Sie bereit, an Ihre Grenzen zu gehen. Wenn Sie erst einmal begonnen haben, die Grenzen Ihrer Wohlfühlzone anzutesten und dann zu überschreiten, werden Sie diese Grenzen ständig überschreiten wollen, um sich Neues einzuverleiben. Sie wachsen, weil Sie Ihren „Käfig" ständig verlassen. Nach 2-3 Jahren werden Sie nicht mehr der sein, der die Reise begonnen hat. Wagen Sie den Schritt!

Formulieren Sie Ziele für jeden einzelnen Lebensbereich, schreiben Sie diese auf und schauen Sie sich diese täglich an. Dadurch verinnerlichen Sie Ihre Ziele, korrigieren die Fristen und können Justierungen zeitnah vornehmen. Schreiben Sie sich auf jeden Fall die Termine in den Kalender, denn was im Kalender steht, wird bewusst wahrgenommen und realisiert. Das gilt auch für Zeiten mit Ihrem Partner.

Stellen Sie sich vor, wo Sie in drei, in fünf oder in zehn Jahren stehen, was Sie erreicht haben werden. Wer werden Sie sein? Je plastischer Sie sich das vorstellen können, umso besser. Entwickeln Sie eine Vision, eine Vorstellung von sich selbst, vielleicht von etwas Gewaltigem. Daraus entstehen Ihre Ziele. Diese brechen Sie herunter auf Jahresscheiben, das Jahr zu Quartalen und diese auf die Monatsziele. Daraus ergibt sich, was getan werden muss, um Ihr Wochen- oder Tagesziel zu erreichen. Bringen Sie Ihre Gedanken auf Papier. Konzentrieren Sie sich auf den Anfang, den ersten kleinen Schritt, der jetzt getan werden muss. Das muss nicht perfekt sein. Wichtig ist nur, dass Sie beginnen! Es gibt keinen Grund, etwas aufzuschieben. In Deutschland neigen wir dazu, den Zielverfolgungsplan zu perfektionieren, bevor wir überhaupt ins Agieren kommen. Das halte ich für falsch. Hier fällt mir der Spruch „Während die Fürsten noch Schlachtpläne entwerfen, haben die Bauern schon die Burg gestürmt“ ein. Legen Sie einfach los. Leiten Sie alle nötigen Maßnahmen ein, um Ihr Ziel zu erreichen. Tun Sie es in kleinen Schritten.

Was würde Sie begeistern? Das Ziel kann groß, vielleicht sogar unrealistisch groß sein. Das macht nichts. Zur Erreichung eines großen Zieles müssen Sie sich auf jeden Fall anstrengen. Überlegen Sie, was würden Sie gerne tun, wer gerne sein, was gerne haben? Egal, wie klein oder groß Ihr Vorhaben ist, das Ziel liegt mit Sicherheit außerhalb Ihrer Komfortzone. Machen Sie den ersten Schritt, fangen Sie an und verschieben Sie nichts auf morgen.

Besonders beeindruckend für mich war die Vision von John F. Kennedy, dass Amerikaner auf dem Mond landen werden. Die Vorstellung einer Mondlandung war damals mehr als gewagt. Als der US-Präsident vor mehr als 50 Jahren vorgab, einen Weg zu finden, um auf dem Mond zu landen, fragte er bei einem seiner leidenschaftlichen Reden bei der NASA, wer in dem Raum nicht glaube, das erreichen zu können. Etliche meldeten sich. Kennedy soll nur gesagt haben „Bitte verlassen Sie den Raum.“

Auch Sie brauchen für die Umsetzung einer Vision keine Bremser, Sie brauchen Menschen, die begeistert mitmachen, Ihrer Vision folgen und dafür bereit sind, dafür den bestmöglichen Einsatz zu geben.

Schließlich betrat Neil Armstrong als erster Mensch am 21. Juli 1969 um 03:56 Uhr Mitteleuropäischer Zeit den Mond.

Ich habe damals die ganze Nacht vor dem Schwarz-Weiß-Fernseher gesessen und gestaunt. Heute bekomme ich noch eine Gänsehaut, wenn ich an die Dimensionen denke und mir vorstelle, dass ein Smartphone heute mehr Technik beinhaltet als damals für die Astronauten zur Verfügung stand.

Trennen Sie die Vorstellung von dem, was Sie haben werden von der, wer Sie sein werden. Die meisten Menschen wollen etwas haben, aber nicht jemand sein. Erst wenn Sie jemand sind, werden Sie auch etwas haben. Auch über diesen philosophischen Ansatz dürfen Sie nachdenken.

„Weiß ich,
womit Du Dich beschäftigst,
so weiß ich,
was aus Dir werden kann."

(Johann Wolfgang von Goethe)

Wenn Sie sich mit großen Zielen befassen, sollten Sie Antworten auf folgende Fragen haben: Wollen Sie das wirklich? Was brauchen Sie, um den ersten Schritt zu tun? Wo holen Sie sich Unterstützung? Welche Opfer werden Sie bringen müssen? Welchen Preis müssen Sie dafür bezahlen? Sind Sie dazu bereit? Was wird sein, wenn Sie Ihr Ziel erreicht haben?

Wenn Ihr Ziel für Sie klar ist, brechen Sie die nötigen Handlungen so weit herunter, dass sie die kleinsten Einheiten darstellen, die getan werden können. Was können Sie heute schon tun, um Ihrem Ziel näher zu kommen? Stellen Sie sich den Weg zum Ziel vor. Das wird sich als hilfreicher erweisen, als sich nur ein fernes und großes Ziel vorzustellen. Albert Einstein hat sich die Relativitätstheorie auch so vorgestellt, als reise er auf einem Lichtstrahl durch das Weltall.

Wenn Sie beispielsweise ab sofort Liegestütze machen wollen, ist die kleinste Einheit ein einziger Liegestütz. Machen Sie zunächst einen, und dann so viele, wie Sie können. Aber ein einziger Liegestütz pro Übungseinheit muss es sein. Irgendwann werden Sie so viele Liegestütze machen können, dass Sie mit dem Ergebnis sehr zufrieden sein werden.

Wenn Sie ein Buch schreiben wollen, schreiben Sie jeden Tag eine Seite oder wenigstens zehn Minuten. Wenn Sie nichts schreiben können, weil Sie durch eine Schreibblockade gelähmt sind, sammeln Sie in dieser Zeit Stoff, recherchieren Sie oder korrigieren Sie den schon vorhandenen Text. Zehn Minuten! Jeden Tag! Machen Sie nicht den Fehler, beim Schreiben über Formulierungen nachzudenken oder die Texte beim Schreiben zu verbessern. Sie werden sonst feststellen, dass Sie nichts zu Papier bringen werden. Schreiben Sie und korrigieren Sie später.

Wenn Sie abnehmen wollen, kann die kleinste Einheit sein, dass Sie sich einmal am Tag bewusst machen, wie viele Kalorien Sie zu sich genommen haben oder bei mindestens einer Mahlzeit am Tag bewusst essen. Sich z.B. 20 Minuten Zeit zum Essen lassen und oder sehr langsam essen. Sie werden weniger essen, wenn Sie länger kauen. Sich bewusst machen, was Sie essen, könnte schon der kleinste Schritt zum Abnehmen sein.

Wenn Sie meditieren wollen, könnte die kleinste Einheit sein, sich eine Minute lang auf Ihren Atem zu konzentrieren.

Wenn Sie Ihr Wissen erweitern möchten, könnte das tägliche Lesen einer bestimmten Seitenzahl eines Fach- oder Sachbuches die kleinste Einheit sein. Täglich 30 Minuten eine Podcastfolge zu hören, wird Ihnen unglaublich viele Sichtweisen näherbringen.

Wenn Sie an Ihrer Partnerschaft arbeiten, verbringen Sie mehr Zeit mit Ihrer Familie, planen Sie diese Zeiten fest in Ihrem Kalender ein. Nehmen Sie sich ebenso Zeit für sich selbst, die Zeit, die Sie sich selbst schenken. Daraus wird nur etwas werden, wenn Sie sich diese Minuten auch als Gewohnheit zu festen Zeiten gönnen. Tragen Sie die Zeit mit der Familie unbedingt in den Terminkalender ein. Wenn es Ihre Gewohnheit ist, sich an die Zeiten zu halten, wird das Ihrer Beziehung unglaublich guttun.

Wenn Sie sich mit Ihren Finanzen beschäftigen, tun Sie das regelmäßig. Zehn Minuten in der Woche reichen aus, um sich Ihrer Situation bewusst zu werden und um den Wunsch zu verstärken, die Situation zu ändern. Sie werden Lösungen finden, da bin ich mir sicher.

„Sei so sehr damit beschäftigt,
die Ziele zu erreichen,
die wichtig für Dich sind,
so dass Du fürs Sorgenmachen
gar keine Zeit hast."

(Brian Tracy)

Machen Sie es sich zur Gewohnheit, indem Sie bestimmte Tätigkeiten nicht erst dann verrichten, wenn Sie Zeit haben, sondern immer zu einem festen für Sie passenden Zeitpunkt. Wenn Sie sich das nicht merken können, tragen Sie die Zeiten in Ihren Kalender ein. Reservieren Sie feste Zeiten für sich und Sie werden merken, wie wohltuend sich so etwas auf Ihre Gesundheit und die anderen Lebensbereiche auswirken wird.

„Erfolg
ist die Fähigkeit,
von einem Misserfolg
zum anderen zu gehen,
ohne seine
Begeisterung zu verlieren."
(Winston Churchill)

Hier ein paar Gedanken zur Beschaffenheit eines Ziels: Eine wesentliche Voraussetzung für Ihr Ziel ist, dass es ***Ihr*** Ziel sein muss. Sie müssen es wollen und voll hinter Ihrem Ziel stehen. Sie müssen Ihr „Warum" hinter dem Ziel kennen. Warum wollen Sie mehr Geld verdienen, warum abnehmen? Geld bzw. mehr Besitz allein sollte dabei nicht das treibende Motiv für Ihre Aktivitäten sein.

Es muss ein anderer Grund dazukommen. Mehr Geld könnten Sie beispielsweise benötigen, um eine bessere Ausbildung Ihrer Kinder zu finanzieren. Gewicht reduzieren vielleicht deshalb, weil Sie schlichtweg länger leben wollen. Wem wollen Sie helfen? Mit was? Stellen Sie sich die Zielerreichung vor, so als hätten Sie es schon erreicht. Stellen Sie es sich in der Gegenwart vor und schauen Sie auf den Weg zurück. Wie haben Sie Ihr Ziel erreicht? Ihnen werden viele kleine Schritte deutlich werden.

Ein chinesisches Sprichwort sagt, dass der weiteste Weg mit dem ersten Schritt beginnt. Machen Sie sich mit einem kleinen Schritt auf den Weg zu Ihrem Ziel.

Sie werden größere Ziele erreichen, wenn Sie feste Routinen in Ihr Leben integrieren. Und das beste Ergebnis werden Sie erzielen, wenn folgende Kriterien für Ihr Ziel erfüllt sind:

Ihr Ziel muss ***spezifiziert*** sein. Wenn Sie abnehmen wollen, führt ein Vorsatz zu Silvester „Im neuen Jahr will ich abnehmen" ins Leere. Es ist nicht spezifiziert. Stattdessen „Am xxxx wiege ich nur noch 80 kg." Das ist ***messbar***. Für Sie selbst sollte es ***attraktiv, annehmbar*** und ***realistisch*** sein. Von 160 kg werden Sie es nicht schaffen, in drei Monaten auf 80 kg herunterzukommen. Es wäre unrealistisch. Von 90 kg dürfte das dagegen kein Problem sein. Auch fünf Kilo in drei Monaten abzunehmen und das Gewicht zu halten, ist zu schaffen. Es scheint mir sehr realistisch. Dazu brauchen Sie keine Diät, sondern nur ein Ändern Ihrer Essgewohnheiten.

Aus dem Projektmanagement kommt die Formel SMART für ein gutes Ziel (**S** = spezifiziert, **M** = messbar, **A** = attraktiv/akzeptiert, **R** = realistisch, **T** = terminiert) oder AROMA (**A** = aussagefähig, **R** = realistisch, **O** = objektiv, **M** = messbar, **A** = annehmbar).

Sie werden Ihre Ziele erreichen, wenn Sie sich an SMART oder AROMA orientieren, wenn Sie wissen, warum Sie gerade dieses Ziel angehen und erreichen wollen, wenn Sie es auf die kleinste Einheit herunterbrechen und die Disziplin haben, sich täglich damit zu beschäftigen. Zerlegen Sie also Ihr Ziel in Einzelschritte. Formulieren Sie die Zielsetzung in der Gegenwartsform.

Visualisieren Sie den Prozess und halten Sie das schriftlich fest. Kommunizieren Sie Ihre Fortschritte mit einem ausgewählten Partner.

„Ziele zu setzen ist der erste Schritt,
um das Unsichtbare sichtbar zu machen.“
(Anthony Robbins)

Es macht einen Unterschied, ob Sie nur an das Ziel denken oder ob Sie es auch aufgeschrieben haben. Warum aufschreiben? Vorsätze und Ziele geraten leicht unter der Vielzahl an Ablenkmöglichkeiten aus dem Blick. Mit dem Aufschreiben bedienen Sie auch die anderen Sinne und werden stetig an Ihre Ziele erinnert. Wenn Sie Ihr Ziel lesen, verbindet sich auch sofort wieder eine Vorstellung mit dem Ziel. Durch die Aufzeichnungen beweisen Sie sich selbst, dass Sie es ernst meinen und trainieren gleichzeitig Ihr Unterbewusstsein. Außerdem dient es Ihnen als Kontrolle.

Wenn Sie nicht täglich an Ihren Zielen wenigstens in kleinsten Einheiten arbeiten, ist das Verrat an sich selbst!

Jeder ist in der Lage, von jetzt auf gleich mit alten Gewohnheiten zu brechen. Dabei sind zwei Motive die wesentlichen Antreiber: Freude oder Schmerz. Bei Freude bewegen wir uns auf etwas hin, was wir freudig erwarten und bei Schmerz von etwas weg. Schmerz oder Vermeidung von Schmerz lässt uns schneller und intensiver ins Handeln kommen. Wenn Ihr Bedürfnis, Schmerz zu vermeiden größer ist als die Lust auf die Freude, ist das auch in Ordnung. Der Antrieb ist egal, Hauptsache, Sie kommen ins Handeln! Trauen Sie sich, mehr zu wollen. Wenn Sie bisher noch nie im Leben gescheitert sind, waren Ihre bisherigen Ziele eher zu klein. Trauen Sie sich an größere Ziele heran.

Wenn Ihnen ein Arzt mit ernster Miene nahelegt, Ihre persönlichen Angelegenheiten zu regeln, weil Ihnen nicht mehr viel Zeit bleiben würde, werden Sie sich sofort andere Gewohnheiten zulegen. Mein Vater rauchte sehr viel. Als man ihm den Kehlkopf entfernen musste, hätte er nur noch mit einem Adapter rauchen können. Er konnte von einem Tag zum anderen mit dem Rauchen aufhören. Nach der Operation lernte er sogar mit einer damals neuartigen Methode wieder sprechen, auch Schwimmen lernte er erst Jahre nach der Operation. Die Kehlkopfoperation und weitere Krebs-Operationen überlebte er mehr als 30 Jahre. U.a. anderem deshalb, weil er an sich glaubte und seine Gewohnheiten angepasst hatte. Die Ärzte gaben ihm damals maximal fünf Jahre Restlebenszeit.

Wenn Sie sich nicht vorstellen können, wie wohl Sie sich bei weniger Gewicht fühlen, hilft Ihnen zur Zielerreichung eine Vorstellung, die sich als qualvoll erweisen wird. Verpflichten Sie sich, einen hohen Geldbetrag, z.B. 1000 Euro, an eine Organisation zu spenden, die Sie absolut nicht mögen. Die Vorstellung, dorthin eine Spende zu geben, wird sicherstellen, dass Sie einerseits ein realistisches Ziel anvisieren und andererseits alles tun werden, um dieses zum angegebenen Zeitpunkt erreicht zu haben.

Gehen Sie eine Verpflichtung ein und unterzeichnen Sie einen Vertrag mit sich selbst. Schreiben Sie z.B. auf: Ich ... wiege am ... nur noch ... kg und werde dieses Gewicht halten. Wenn ich das Ziel nicht erreiche, spende ich ... an ... Ort, Datum, Unterschrift. Sie werden sich an den Vertrag halten, besonders, wenn Sie anderen davon erzählen.

Hören Sie auf, immer andere Pläne zu schmieden und Wissen anzuhäufen, das Sie nicht umsetzen oder das Ihnen nicht hilfreich bei der Zielerreichung ist. Lösen Sie Ihre Probleme und fangen Sie mit dem Plan und der Umsetzung zu einem selbst gesteckten Ziel an. Leisten Sie Ihren Beitrag dazu, egal, was Ihre Freunde dazu sagen. Machen Sie Ihr Ding und lassen Sie andere ihr Ding machen.

„Die meisten Menschen überschätzen,
was sie in einem Jahr erreichen können,
und unterschätzen,
was sie in zehn Jahren
erreichen können.“
(Bill Gates)

Übrigens: Wenn Sie keine eigenen Ziele haben, arbeiten Sie ein Leben lang für die Ziele anderer. Ein Ziel wird Sie auf den Weg bringen, denn ohne Ziel ist auch der Weg egal. Ohne Ziele werden Sie die Tage nutzlos verstreichen lassen.

Zu einem Ziel gehört ein Plan. Wie beim Hausbau. Mit einem Plan überlassen Sie nichts dem Zufall. Wenn Sie das Ziel haben, für die Familie ein Haus zu bauen, werden Sie sich damit auseinandersetzen. Der Architekt wird Ihre oder seine Vorstellungen zu Papier bringen. Irgendwann wird die Sache so konkret, Sie werden wissen, wie das Haus aussehen wird und den Zeit- und Kostenplan im Auge behalten. Sie werden anfangen und irgendwann ist das Haus auch fertig. Der Plan wird mit Experten umgesetzt und Sie werden sich mit Ihrer Familie im fertigen Haus wohlfühlen und stolz darauf sein, dass Ihre

Wünsche und Ideen umgesetzt werden konnten. Wie ein Bauherr seinen Bauplan verfolgt, so hinterlegen Sie jedem Ziel einen Plan. Halten Sie sich daran.

„Ein Ziel ohne Plan
ist nur ein Wunsch."
(Antoine de Saint-Exupéry)

Leben Sie jeden Tag in dem Bewusstsein, dass Sie zwar noch nicht an Ihrem Ziel angekommen sind, aber schon näher dran sind als gestern. Je attraktiver und anziehender Ihr Ziel ist, umso mehr Energie zieht das Ziel an. Schauen Sie abends auf das Geleistete zurück. Was hat geklappt, was werden Sie verändern, um ans Ziel zu kommen? Sie werden auf dem Weg zum Ziel oft Anpassungen vornehmen, um auf Kurs zu bleiben. Auf keinen Fall werden Sie aufgeben. Das ist keine Option.

Auf dem Weg zu Ihrem Ziel werden Sie von zahlreichen Menschen begleitet, Menschen, die positiv eingestellt sind und Ihnen helfen. Und wenn Sie sich auf den Weg gemacht haben, werden Sie das Phänomen der selektiven Wahrnehmung kennenlernen: Egal mit was Sie sich beschäftigen, Sie werden feststellen, dass Sie genau dieses in Ihrer Umgebung wahrnehmen. Schwangere Frauen sehen auch überall schwangere Frauen. Wenn Sie sich für ein bestimmtes Auto interessieren, fallen Ihnen diese Fahrzeuge im Straßenverkehr auf. Sie waren vorher schon da, nur jetzt nehmen Sie sie wahr. Genauso werden Sie plötzlich hilfreiche Ideen haben, die Sie Ihrem Ziel näherbringen.

- Was sind Ihre Ziele in den einzelnen Lebensbereichen?

- Wie haben Sie die Ziele heruntergebrochen?
- Was ist in jedem Lebensbereich Ihr kleinster Schritt, den Sie umsetzen wollen?
- Welcher Plan liegt dahinter?
- Wo haben Sie Ihr Ziel schriftlich festgehalten?
- Welche Vereinbarung haben Sie mit sich selbst getroffen?

Haben Sie über Ihren Mut nachgedacht?

Schiffe sind im Hafen am sichersten, aber dafür werden sie nicht gebaut. Trauen Sie sich zu, etwas Eigenes aufzubauen! Das fängt schon damit an, dass Sie sich damit beschäftigen, wie und womit andere Geld verdienen. Bauen Sie sich nebenberuflich ein Geschäft auf und orientieren Sie sich vor allem daran, welchen Mehrwert Sie damit anderen Menschen geben können. Lösen Sie ein Problem und man wird Sie dafür auch bezahlen.

„Du kannst
nicht erwarten,
dass etwas Neues
in Dein Leben tritt,
wenn Du
das Alte
immer wiederholst."

(Albert Einstein)

Machen Sie etwas Eigenes! Jeder Mensch kann etwas, was für andere wichtig ist und was diese benötigen. Verkaufen Sie diesen Nutzen. Wägen Sie die Vorteile gegen die Nachteile ab, beschäftigen Sie sich aber mehr mit den Vorteilen und treffen Sie eine Entscheidung. Legen

Sie Prioritäten fest und legen Sie los! Finden Sie Wege, das, was Sie lieben, in die Gemeinschaft zu bringen, um Nutzen zu stiften. Dann wird man auch bereit sein, für diesen Nutzen einen Preis zu bezahlen. Machen Sie andere groß und vermitteln Sie ihnen Erfolgserlebnisse. Helfen Sie Menschen, besser in ihrer Aufgabe zu werden. Fangen Sie an, finden Sie eine Idee und bleiben Sie nicht untätig, weil Sie keine Idee haben. Sie ernten, was Sie gesät haben. Wenn Sie auf einen Berg hinaufwollen, müssen Sie mit dem Anstieg beginnen. Erkennen Sie die Chancen, die sich Ihnen bieten und ergreifen Sie die sich bietenden Gelegenheiten.

Die meisten Menschen in Deutschland finden eher zehn Gründe, warum etwas nicht funktionieren wird, als einen einzigen Grund, warum man anfangen und es durchziehen sollte. Auch ich kenne Menschen, die ständig mit Bedenken durchs Leben gehen. Großartige Ideen werden nicht umgesetzt, weil man zur Umsetzung noch einen Kurs, noch ein Seminar, noch ein Zertifikat oder sonst noch etwas benötigt. Ausreden! Sie brauchen bis auf wenige Ausnahmen keine Bescheinigungen, Zertifizierungen oder Zulassungen. Legen Sie einfach los. Die größten Entdeckungen wurden von Menschen gemacht, die gewagt haben, sich aus dem bequemen Umfeld herauszuwagen und ihrer Idee treu geblieben sind. Sie sind einer Vision gefolgt und haben eine Mission daraus gemacht.

Angst vor Misserfolg lähmt. Lassen Sie das nicht zu. Dort, wo Ihre Angst am größten ist, liegt auch Ihr größtes Entwicklungspotenzial. Überlegen Sie mal, was Sie tun würden, wenn Sie keine Angst hätten? Tun Sie es dann einfach! Nehmen Sie Ihre Angst an und machen Sie genau das, wovor Sie die größte Angst haben. Dadurch wachsen Sie.

„Angst ist erlernt,
also kann ich lernen,
auf sie zu verzichten."
(Jens Corssen)

Angst vor dem Scheitern müssen Sie nicht haben, auch wenn es Selbstüberwindung kostet. Geht es schief, haben Sie etwas Wichtiges gelernt und Erfahrung gesammelt. Tiefer als auf den Boden können Sie nicht fallen, denn da stehen Sie bereits. Nichts zusätzlich verdient haben Sie ja schon. Trauen Sie sich, ein zweites Standbein aufzubauen. Haben Sie keine Befürchtung, dass man Sie fürs Scheitern ächten wird. Machen Sie weiter. Die Meinung Ihrer Mitmenschen sollte Ihnen auch in diesem Punkt egal sein, auch wenn einzelne Äußerungen Sie kränken und die Emotionen hochschlagen werden. Nehmen Sie es nicht persönlich. Alle werden wieder zurückkommen, wenn Sie erfolgreich geworden sind. Und wenn nicht, sind diese Menschen wirklich Ihre Freunde gewesen?

Mein Vater hatte Ende der 1950er Jahre festgestellt, dass es an seinem Wohnort kaum Kernseife zu kaufen gab. In Lebensmittelgeschäften konnte diese Seife wegen ihres intensiven Geruchs nicht angeboten werden. Also überzeugte er meine Mutter, mit einer Einkaufstasche von Haus zu Haus zu gehen und die Haushalte mit dieser Seife zu beliefern. Die Kunden fragten bei beginnendem Wohlstand auch nach „Feinseife", wie es damals hieß. Meine Mutter lieferte. Es kamen andere Waren, wie Waschpulver, Schuhcreme, Zahnpasta, Schnürsenkel etc. hinzu, welche angeboten und verkauft wurden. Die Nachfrage stieg. Auch wir Kinder sind mit einem Handkarren an zwei Nachmittagen in der Woche unterwegs gewesen und lieferten die Artikel aus. Damals war ich zehn Jahre alt, mein Bruder neun und meine Schwester acht.

An vielen Orten im Umkreis unseres Wohnortes boten meine Eltern an Kirmestagen Süßwaren zum Kauf an. Der Verkaufsstand bestand erst nur aus einem Klapptisch und einem Marktschirm, später leisteten sich die Eltern einen kleinen Verkaufswagen. Da in den Orten innerhalb des Aktionsraumes oft zeitgleich Kirmes war, halfen die Geschwister meines Vaters aus. Meine Eltern waren mutig und haben sich nicht an den Bemerkungen der Mitbewohner gestört.

Weil es in den Wäldern um unseren Wohnort viele Heidelbeeren gab, kauften meine Eltern die Heidelbeeren auf. Mein Vater fuhr sie abends in rund 30 Kilometer entfernte Orte, wo sie reißenden Absatz fanden. Viele Familien brachten damals die Heidelbeeren eimer- und wannenweise zur Annahmestelle. Dort wurden sie auf Qualität geprüft und direkt bar bezahlt. So entwickelte sich nach und nach dieser Handel zu einem lukrativen Zubrot.

Mein Vater bastelte meiner Mutter einen Musterkoffer für Osterhasen. Dieser wurde auf einem ausrangierten Kinderwagengestell transportiert. Im Koffer waren die Muster für sechs verschiedene Schokoladenhasen. Wir gingen lange vor Ostern in unserem Wohnort von Haus zu Haus und nahmen die Bestellungen auf. Zwei Wochen vor Ostern wurden die bestellten Schokohasen mit LKW bei uns angeliefert. Dann begann die Zusammenstellung der Bestellungen, die Sortierung nach Adressen und die

Auslieferung an die Kunden. Bei der Auslieferung wurden Schoko-Eier und andere Süßigkeiten angeboten. Heute nennt man das Upselling.

Später betrieben die Eltern gemeinsam einen Lebensmittelladen, den ersten Selbstbedienungsladen im Ort. Die Mutter war hauptsächlich im Geschäft, erwarb sich die nötigen Kenntnisse, um den Laden zu führen.

Damals war es noch üblich, beim Kaufmann „anschreiben" zu lassen. Wenn das Geld knapp war, konnten die Kunden trotzdem einkaufen und den Einkaufswert später bezahlen. Der Kaufmann finanzierte also die Ware vor und nahm von den Kunden die Bezahlung erst später entgegen – ohne Zinsen. Das war ausgesprochen kundenorientiert.

Die Ideen meiner Eltern und die Umsetzung, bei der wir Kinder immer eingespannt waren, bewundere ich heute noch.

Für meine Eltern gab es auch keine Garantie, dass ihre Ideen angenommen würden. Sie haben sich aber getraut, trotzdem in kleinen Dimensionen zu beginnen. Einfach war es nie, aber sie haben bescheiden angefangen und es durchgezogen. Fangen auch Sie mit dem an, was Ihnen wichtig ist. Konzeptionieren Sie z.B. Online-Kurse oder beschäftigen Sie sich beispielsweise mit Affiliate, einem Empfehlungsmarketing, bei dem Sie keine eigenen Produkte benötigen. Vielleicht ist Fullfillment by Amazon oder Drop Shipping etwas für Sie. Vielleicht auch Network-Marketing. Recherchieren Sie im Internet und Sie werden mehr darüber wissen. Wohlstand zum Nulltarif wird es aber nicht geben.

„Wer tut,
was er immer getan hat,
bekommt,
was er immer bekommen hat."
(Anthony Robbins)

Für die Umsetzung einer Idee brauchen Sie oftmals wenig oder gar kein Geld. Ein Gewerbeschein kostet nur rund 30 Euro. Testen Sie vor der Gewerbeanmeldung Ihre Idee und dann starten Sie. Finden Sie wenigstens zehn Gründe, warum gerade Sie das jetzt machen sollten. Fallen Ihnen dabei negative Gründe ein, finden Sie für jeden negativen Gedanken zehn positive. Und Sie werden sehen, dass Sie sich immer mehr zutrauen. Sie sind vermutlich der einzige Mensch, der die Idee umsetzen kann, weil Sie dafür brennen werden. Und Sie werden sehen, sobald Sie Erfolg haben, werden Ihre Ideen nachgemacht. Das sollte Sie nicht davon abhalten, zu beginnen. Werden Sie jeden Tag besser und die anderen können Sie nicht einholen. Bieten Sie immer Mehrwert!

Als ich feststellte, dass ich sehr wohl den richtigen Beruf erlernt hatte, bekam ich mit, dass in unserem Wohnort ein Schulfest organisiert wurde. Für die Spielstände der Kinder kauften die Veranstalter die Restbestände an preiswerten Artikeln in den örtlichen Läden auf. Manch einer hatte auch Beziehungen zum Großhandel. Auch dort wurden günstige Artikel gekauft, die den Kindern als Prämie oder Gewinn ausgehändigt werden konnten. Hier sah ich sofort eine Chance, Eltern künftig bei der Organisation eines Schulfestes zu unterstützen. Ich stellte einen Katalog zusammen, der ausgewählte Artikel aus der Kirmeswelt enthielt. Im Katalog fasste ich interessante Artikel zu Paketen zusammen und bot die Artikel gegen Rechnung an. Außerdem konnten Artikel zurückgegeben werden, wenn deren Gebinde noch nicht angebrochen waren. Die Artikel bot ich mit meinem Katalog allen Schulen in Rheinland-Pfalz an. Durch diesen Service konnte ich viele Kunden gewinnen und ihnen helfen, solche Schulfeste mit wenig finanziellem Aufwand und ohne wirtschaftliches Risiko zu veranstalten. Service und günstiger Preis waren der Schlüssel für gute Geschäfte.

Nachdem wir in unser Haus eingezogen waren, kaufte ich einen gebrauchten Kopierer. Schnell sprach sich herum, dass man bei mir preiswerte Kopien fertigen konnte, denn ich berechnete lediglich die Kopien, die die Kunden auch mitnehmen wollten. Das war ein guter Service und hat sich für jeden gerechnet.

2006 gründete ich einen Verlag und seit 2012 betreibe ich einen Online-Druckshop. In der Zwischenzeit habe ich rund 120 Autoren geholfen, ihr eigenes Buch zu veröffentlichen und im Druckshop viele Kunden unterstützen können. Wenn ich auf meine „Berater" gehört hätte, wäre ich nie ein Risiko eingegangen. Ich habe mir abgewöhnt, mein Umfeld zu fragen. Mein Vater hatte immer den Spruch drauf „Wer viel fragt, bekommt viel Antwort." Zu viele Antworten machen den Geist nicht klarer. Wenn Sie zehn Menschen fragen, haben Sie auch zehn und mehr Meinungen. Und wenn etwas schief geht, kommt auch gewiss die leichte Häme mit „Ich hab's ja immer gesagt.". Das erspare ich mir.

Es gibt auch verrückte Ideen, die ich umgesetzt hatte: das Verleihen von Regenwürmern. Aber das ist eine andere Geschichte.

Sehen Sie in jedem Tag eine Chance, etwas Neues und Aufregendes zu wagen und daran Spaß zu haben. Machen Sie es mit Freude und wagen Sie etwas!

- Was werden Sie heute wagen?
- Mit welcher Idee werden Sie sich näher beschäftigen?
- Was ist dafür der kleinste Schritt, den Sie heute schon zur Realisierung tun können?

Was nun?

Wenn Sie sich damit beschäftigt haben, warum Sie etwas wollen und dieses Warum groß genug ist, sollte es Ihnen gelingen, in die Umsetzung zu kommen. Wenn Sie es nicht tun, wird es niemand anderes für Sie tun und nichts wird sich in Ihrem Leben zum Positiven wandeln. Fangen Sie an, in Ihrem Leben aufzuräumen.

Es ist nie zu spät, etwas Neues anzufangen. Lassen Sie sich von Fehlschlägen nicht entmutigen. Hier hilft Ihnen die Metapher vom Bauern. Er sät in jedem Frühjahr sein Saatgut aus. Aber nicht alles geht auf. Einige Körner werden vertrocknen, andere von Vögeln aufgepickt und einige werden zertrampelt oder von Unkraut überdeckt. Daraus lernen wir, dass wir erst säen müssen, bevor wir ernten können. Wir müssen viel säen, weil nicht alles gelingen kann. Es braucht Zeit bis wir ernten können. Wir stellen uns während der Wachstumszeit den Herausforderungen, stellen aber die Probleme nicht in den Mittelpunkt unseres Interesses. Wir ernten schließlich, was wir gesät haben. Und wenn die Ernte misslingt, sät der Bauer im nächsten Jahr erneut. Aufgeben ist keine Option.

„Nichts im Leben
kommt der Erfüllung gleich,
die in dem Wissen liegt,
dass man das Richtige getan hat.“
(Anthony Robbins)

Dieses Buch allein wird Ihnen nicht helfen, es kann Ihnen nur Anregungen geben. Ausschließlich wenn Sie beginnen, etwas anders zu machen, wird sich ein anderes Ergebnis einstellen, wird sich etwas in Ihrem Leben ändern. Fangen Sie bei sich an und verlassen Sie Ihre Komfortzone. Entwickeln Sie mit vielen Kleinigkeiten Ihre Persönlichkeit. Tun Sie mehr von dem, was Sie weiterbringt. Lassen Sie von dem ab, was Sie hemmt oder blockiert. Bleiben Sie mit Fleiß an jeweils einer Sache.

„Veränderungen
ergeben sich nicht einfach
aus Umständen.
Sie sind die Folge
von bewusst getroffenen
Entscheidungen und Disziplin.“
(Jim Collins)

Das einzige, was in der Welt absolut gerecht verteilt ist, ist die Zeit. Jedem stehen am Tag 24 Stunden zur Verfügung. Das sind 86.400 Sekunden. Jeden Tag hat jeder Mensch die gleiche Portion an Zeit. Und jeden Augenblick gibt es für jeden nur einmal! Erfolgreiche wie auch Glückliche nutzen die Augenblicke nur intelligenter.

„Es ist nicht zu wenig Zeit,
die wir haben,
sondern es ist zu viel Zeit,
die wir nicht nutzen.“
(Lucius Annaeus Seneca)

Eine Bekannte sagte mir, sie habe alle Bücher von Christian Bischoff gelesen und nichts habe sich geändert. Ja, das ist so! Durch das Lesen allein wird sich nichts ändern.

Wenn dann auch noch die Bereitschaft fehlen sollte, sich mit anderen Gedanken auseinanderzusetzen, wird Sie niemand aus diesem Zustand befreien. Sie müssen erstens etwas erkennen, zweitens eine Entscheidung treffen und drittens die Erkenntnis umsetzen. Ihre Entscheidung wird also wesentlich dazu beitragen, wie Ihre Realität in ein paar Jahren aussehen wird. ***Sie*** müssen ins Handeln kommen, wenn Sie etwas verändern möchten. Daran führt nichts vorbei. Dazu brauchen Sie kein Silvester. Es liegt allein in Ihrer Entscheidung, jetzt zu beginnen und diszipliniert dran zu bleiben. Es ist Ihr Leben. Machen Sie etwas daraus! Nehmen Sie die Herausforderungen an. Nehmen Sie sich Ihre kleinen Änderungsvorhaben in ausgewählten Lebensbereichen vor und machen Sie diese kleinen Änderungen kontinuierlich zwei Wochen. Versprechen Sie sich, neu anzufangen, wenn Sie sich einmal nicht daran gehalten haben. Dann beginnen Sie den Zweiwochen-Zyklus erneut. Das wird einerseits schwer sein und andererseits werden Sie dranbleiben, wenn Sie fast zwei Wochen durchgehalten haben. Vielleicht haben Sie Ihr Gehirn dann schon so daran gewöhnt, dass es Ihre neue Gewohnheit akzeptieren kann.

„Was wünsche ich mir,
heute getan zu haben?“
(Boris Grundl)

Wenn Sie erst einmal mit Ihren alten Gewohnheiten gebrochen und die Vorzüge anderer Denkweisen und Handlungen kennengelernt haben, werden Sie nie wieder zu Ihren alten Gewohnheiten zurückkehren. Sie werden sich in kleinen Schritten ein besseres Leben gönnen. Vermeiden Sie deshalb auch „Ich muss“, „Ich sollte“ und „Ich könnte“. Verwenden Sie besser Formulierungen wie „Ich will“, „Ich kann“, „Ich darf“ und „Ich tue es – jetzt“.

Konzentrieren Sie sich auf den Anfang. Sie müssen nichts perfekt erledigen, aber fangen Sie an! Ein großes Ziel darf Ihnen durchaus Angst machen. Nehmen Sie die Angst an und Sie werden diese bewältigen. Gehen Sie gedanklich von dem Punkt Ihrer Zielerreichung zurück in die Gegenwart. Brechen Sie Ihr Ziel soweit herunter, dass Ihnen kleinste Schritte möglich sind. Machen Sie sich Gedanken über das, was eintreten könnte, wenn es ganz schlimm kommen sollte und was wäre, wenn alles optimal laufen würde. Wählen Sie einen vertretbaren Mittelweg.

Ihr Gehirn ist darauf ausgelegt, Sie zu schützen. Das mündet sehr schnell in Bequemlichkeit, weil es sparsam mit der zur Verfügung stehenden Energie umgehen möchte. Es muss deshalb in kleinen Schritten lernen und trainiert werden, dass die neuen Gewohnheiten gut für Sie sind und Sie sich jetzt etwas anderes zutrauen.

„Es ist schwer,
das Gehirn von seinen
Gewohnheiten abzubringen.“
(Jens Corssen)

Ihre Zukunft wird dadurch bestimmt, was Sie in der Gegenwart tun. Die Vergangenheit können Sie nicht ändern. Vergangen und vorbei. Regen Sie sich deshalb nicht über Fakten auf, weil diese unveränderbar sind. Lernen Sie, mit Problemen umzugehen. Denken Sie an die Früchte Ihres Erfolges und es wird Ihnen leichtfallen, kleine Änderungen in Ihrem Leben anzugehen.

Werden Sie der Architekt und Planer Ihrer eigenen Weiterentwicklung. Werden Sie der Gestalter Ihrer Zukunft. Denken Sie mutige, visionäre Gedanken. Lernen Sie, dass Sie die Fähigkeit haben, alles zu werden, was Sie sein können. Grämen Sie sich nicht mehr mit negativen Formulierungen wie „Ich will, dass ... endlich aufhört ...". Formulieren Sie positiv, wie z.B. „Ich wünsche mir ein freundliches Miteinander ...".

Vielleicht sagen Sie sich aber auch, dass der Mann einen Knall hat. Auch gut. Ich finde den Kommentar meiner Enkelin „Mein Opa hat 'nen Knall!" wunderbar, als sie meine geänderten Gewohnheiten wahrgenommen hatte. Ja, ich mag einen „Knall" haben, habe nie behauptet, normal zu sein. Was ist auch normal? Möchten Sie der „Norm" entsprechen? Wenn Sie etwas in Ihrem Leben zum Ungewöhnlichen hin ändern, wird man auch von Ihnen sagen, dass Sie einen „Knall" haben. Lassen Sie sich davon nicht beeindrucken und gehen Sie Ihrem Ziel unbeirrt in kleinen Schritten entgegen. Etwas Besseres kann Ihnen nicht passieren, denn wenn Sie bei sich etwas ändern, werden Sie vieles verändern. Das hat die größte Hebelwirkung. Wenn Sie etwas in Ihrem Leben verbessern möchten, müssen Sie selbst aktiv werden.

„Es ist nicht genug zu wollen,
man muss es auch tun."
(Johann Wolfgang von Goethe)

Erlauben Sie sich, größer zu denken. Schreiben Sie Ihre Ziele auf, nehmen Sie gegebenenfalls Abbildungen zu Hilfe, laden Sie Ihre Vorstellungen mit Emotionen auf und fangen Sie an, mit den nötigen Schritten an der Umsetzung zu arbeiten. Geben Sie Ihren Einstellungen eine andere Bedeutung und stellen Sie höhere Ansprüche an sich selbst. Legen Sie fest, was für Sie wichtig ist und bleiben Sie beharrlich dran.

Entwickeln Sie eine Vision, packen diese in ein Ziel, für das Sie brennen, entwickeln Sie daraus einen Plan, der Ihnen den Glauben und die Sicherheit der Realisierung gibt, schließen Sie einen Vertrag mit sich selbst, das Ziel erreichen zu wollen und machen Sie sich auf den Weg mit den Menschen, die Sie unterstützen. Lernen Sie, Niederlagen wegzustecken. Genießen Sie Ihre Teilerfolge und erweitern Sie Ihre Ziele. Und Sie werden aus dem Staunen nicht mehr herauskommen, wenn Sie in ein paar Jahren zurückblicken.

Tun Sie es – nur „Versuchen" kommt einem Nichttun gleich. Seien Sie immer lösungsorientiert und nicht problembehaftet. Schauen Sie, wo es hingeht. Wenn Sie sich wie in einem Hamsterrad fühlen, das sich zwar dreht, aber Sie nicht vorwärtsbringt, halten Sie es an und steigen Sie aus. Eignen Sie sich Wissen an und wenden Sie dieses in Ihrem eigenen Leben zu Ihrem Vorteil an.

Entnehmen Sie aus diesem Buch das, was für Sie am besten ist. Fangen Sie bei sich an! Jetzt! Mahatma Gandhi wird ein weises Zitat zugeschrieben: „Die Zukunft liegt in dem, was wir heute tun." Auch Rabindranath Tagore, ein bengalischer Dichter, der 1913 den Nobelpreis für Literatur erhielt, hat einmal gesagt „Du kannst einen See nicht dadurch durchqueren, wenn Du nur dastehst und auf das Wasser schaust." Sie können nicht nur versuchen, von einem Stuhl aufzustehen. Entweder Sie stehen auf oder Sie bleiben sitzen.

„Deine Träume
werden nicht wahr,
wenn Du darauf wartest,
dass sie in Erfüllung gehen,
sondern wenn Du entschlossen bist,
jeden Tag einen Schritt
auf sie zuzugehen."

(Dalei Lama)

Lassen Sie die Angst vor dem Scheitern nicht größer werden als die Lust auf das Gelingen. Sie werden spätestens dann ins Handeln kommen, wenn Sie das Nichthandeln mehr fürchten als die Folgen des Scheiterns. Dann kommt auch der Erfolg. Ihr Erfolg. Loben Sie sich zwischendurch doch mal selbst. Denken Sie daran: Es hat Auswirkungen auf Ihre Gefühle, worüber Sie nachdenken.

Ich weiß, der beste Moment, etwas zu ändern war vielleicht vor zehn und mehr Jahren. Ich weiß aber auch, dass der zweitbeste Zeitpunkt jetzt ist. Arbeiten Sie ab jetzt jeden Tag ohne Ablenkung wenigstens zehn Minuten an Ihren Zielen. Sie schaffen das!

„Die vielleicht größte Tragödie
in Ihrem Leben besteht darin,
dass Freiheit möglich ist,
und wir dennoch unsere Jahre
gefangen in alten Mustern
verbringen können."

(Timothy Ferriss)

Warten Sie nicht, bis Sie sich verändern müssen, sondern beginnen Sie rechtzeitig aus eigenem Antrieb. Treffen Sie eine Entscheidung. Ihr Leben ist letztlich die Summe Ihrer Entscheidungen! Treffen Sie öfter eine zielführende Entscheidung. Je öfter Sie Entscheidungen treffen, umso leichter fallen sie Ihnen. Denken Sie daran, dass Sie jede bewältigte Krise stark macht und sich auf Ihren Erfahrungshorizont auswirkt.

Arbeiten Sie an Ihrem Selbstwert. Wenn Sie mehr Absagen als Zusagen erhalten, arbeiten Sie an Ihrer Frustrationstoleranz. Haben Sie keine Angst, andere um einen Gefallen zu bitten, aber tun Sie auch etwas für sie.

Archivieren Sie Ihre positiven Erlebnisse entweder in einer Kladde, als Zettelnotiz in einer Zigarrenkiste, einem Bonbonglas etc. Und freuen Sie sich bei sich bietenden Gelegenheiten über das, was Ihnen gelungen ist.

Nachwort

Vielen Dank, dass Sie das Buch gelesen haben. Vielleicht haben Sie die eine oder andere Erkenntnis daraus gezogen. Es sind keine neuen Weisheiten. Sie sind in einen anderen Kontext gestellt. Wenn es mir gelungen ist, dass Sie nachdenken, ist der Zweck des Buches schon halb erreicht. Besser noch, aus dem Nachdenken wird Handeln. Wenn Sie sich bessere Fragen stellen, werden Sie bessere Antworten und dann Gründe fürs Handeln finden. Fragen wie „Was wird sich bei mir ändern, wenn ich wollte?“, „Was kann ich aus der momentanen Erfahrung lernen?“, „Wie kann ich die Situation ändern?“ und „Was muss geschehen, damit ich mich wohlfühle, damit ich ... etc?“ werden Sie in eine bessere Ausgangslage bringen als das Grübeln darüber, warum ausgerechnet Ihnen das passieren musste. Sie werden das finden, wonach Sie suchen. Suchen Sie nach dem, was Sie voranbringt.

Wenn Sie das Buch nur gelesen haben, aber nichts umsetzen werden, ist das Gelesene wertlos. Nur die Umsetzung – besonders in kleinen Schritten – wird die Wirkung entfalten.

Welchen Preis werden Sie langfristig bezahlen, wenn Sie sich nicht auf Veränderungen einlassen? ***Sie*** müssen handeln! Und Sie müssen es selbst tun! Nur durch Ihr eigenes Tun wird sich etwas verändern. Gestalten Sie selbst aktiv Ihr eigenes Schicksal. Sorgen Sie mit Ihrem Tun dafür, dass Ergebnisse eintreten.

Mir ist klar, dass ich es nicht schaffen werde, alle Leserinnen und Leser zu überzeugen. Das ist auch nicht meine Absicht. Probieren Sie es entweder aus oder lassen Sie es, aber hindern Sie andere bitte nicht daran, es zu tun.

„Hören Sie niemals auf zu lernen.
Hören Sie niemals auf zu handeln."
(Verne Harnish)

Wann haben Sie sich das letzte Mal erlaubt, etwas zum ersten Mal zu tun? In wen oder in was investieren Sie Ihre Zeit? Es ist nie zu spät, jetzt etwas Anderes, etwas Richtiges zu tun.

Denken Sie nach. Was wollen Sie aus Ihrem Leben machen? Erkennen Sie Ihre Handlungsoptionen. Fühlen Sie mit allen Sinnen Ihre Zukunft. Entscheiden Sie sich für Änderungen. Lernen Sie, Ihre Aufmerksamkeit bewusst und zielgerichtet einzusetzen und bündeln Sie Ihre Kräfte. Schließen Sie Frieden mit Ihrer Vergangenheit, bleiben Sie nicht darin verhangen. Lassen Sie Ihre Zweifel nicht die Oberhand gewinnen. Handeln Sie! Wenn Sie nicht ins Handeln kommen ... Sie wissen es! Freuen Sie sich auf Ihre neue Zukunft.

„Wir bereichern unser Leben,
wenn wir es nach dem Muster der Menschen
formen, die bereits Erfolg haben."

(Anthony Robbins)

Fangen Sie jetzt an, denn der perfekte Moment wird nie kommen. Und je mehr Sie tun, umso besser wird es Ihnen gelingen. Fangen Sie an und seien Sie erfolgreich.

Ich wünsche es Ihnen.

„Möge die Kraft
mit Dir sein!"

(Yoda, Star Wars)

Schreiben Sie mir über Ihre Erfolge. Sie werden mich finden. Erfolg zu haben macht richtig Spaß – der Weg dahin aber auch.

PS: Die nachfolgende Geschichte habe ich von Bodo Schäfer und gebe sie stark verkürzt wieder: Ein Mann bekam von seinem Bruder ein Auto geschenkt. Die meisten Nachbarn und Freunde sagten „So einen Bruder möchte ich auch haben", nur ein Einziger sagte „So ein Bruder möchte ich auch sein.".

Vielleicht mögen Sie mal in einer ruhigen Stunde darüber nachdenken.

Wie werden Sie künftig denken?

Nachwort einer Erst-Leserin:

Franz König bat mich, seinen Text vor der Veröffentlichung zu lesen. Er kennt mich als Mensch, dem Kommunikation sehr am Herzen liegt. Und ein ganz essentieller Baustein, um Kommunikation zu einer besonderen Qualität zu verhelfen, ist das Beschäftigen mit einem Buch, dessen Inhalt zur Reflexion anregen soll. Denn dadurch wird Bewusstsein geschaffen. Und das wiederum ist die Basis, um Veränderungen möglich zu machen.

2020 wird als Jahr der Corona-Pandemie in die Historie eingehen. Jeder, der in den kommenden Jahren und Jahrzehnten auf diese Zeit zurückblickt, wird Teil der „anderen, neuen Normalität" sein. Diese wird nicht das Virus geschaffen haben, sondern die Menschen, die sich in der Zeit des Stillstands und in den Monaten danach bewusst damit auseinandergesetzt haben, wie Leben in der Zukunft möglich sein wird. Jeder Einzelne wird sich Fragen gestellt und bei unterschiedlichen Quellen nach Antworten gesucht haben.

Wir können aber nur dann Fragen stellen, wenn wir schon Ziele definiert haben, die naturgemäß zunächst nur Visionen sind. Realität können sie nur werden, wenn agiert wird und bewusstes und mit Sinn behaftetes Agieren ist Gestalten. Und so kann jeder von uns zum Gestalter werden, wenn er mit dem Blick auf die Zukunft, die er sich vorstellt, von der er glaubt, dass sie zu mehr Wohlgefühl, Miteinander und Nachhaltigkeit führen wird, sich in dem Augenblick auf den Weg zum Ziel macht, in dem er erkennt, welche Veränderungen für ihn ganz persönlich notwendig sind.

Sind Sie nun ans Ende dieses Büchleins gelangt, dann ist Ihnen mit Sicherheit eines gelungen: Sie haben Ihre Gedanken gestaltet und so werden Sie auch immer wieder neue Ideen entwickeln, um Ihrem Leben Ihre eigene Qualität zu geben. Das war Ihre Chance und diese haben Sie genutzt, ohne äußeren Druck, nur weil Sie es gewollt haben.

Und für mich als Verfechter einer Art Kommunikation 2.0 werden Menschen, die Veränderungen wollen, auch die sein, die zusammen das andere Leben auf der Erde mit dem Wissen um Corona gestalten werden. Kommunizieren Sie, nicht nur die Inhalte dieses Buches, das wäre mein persönliches Anliegen.

Nicole Mrazek

PS: Setzen Sie sich ruhig kritisch mit den einzelnen Kapiteln und deren Inhalte auseinander. Es geht nicht um Ihre Zustimmung, es geht um Ihren Wunsch, Veränderungen vorzunehmen.

Anhang

Meine kleinen Änderungen in den Lebensbereichen

- **Beruf**
  Täglich 50 Mails löschen
  Abends drei Punkte notieren, die am nächsten Tag erledigt werden
  Wichtiges zuerst erledigen
  10 Minuten Ablage
  Fokus halten
  Lernen durch Abschauen

- **Beziehungen**
  10 Minuten Gespräch mit meiner Frau nach jedem Essen
  Einmal im Monat ausgehen
  Zeit in Beziehungen investieren
  Loben, freundlich sein
  Erwartungen herunterschrauben
  Positives Feedback geben

- **Gesundheit**
  Morgens 0,5 l warmes Wasser trinken
  2 km Laufen, Dehn- und Streckübungen
  15+ Liegestütze morgens, 10+ abends
  Bewusster ernähren, weniger Süßigkeiten
  15 Minuten Entspannung
  Atemübungen 4-4-4-4 oder 4-16-8 durchführen
  Treppen nehmen

- **Finanzen**
  Sind alle Rechnungen zeitnah geschrieben und eingegangene Rechnungen bezahlt?
  Spenden; 5% des Ertrages, 5% der Arbeitszeit
  5-Euro-Scheine sammeln
  Struktur 50-30-20; 50-10-10-10-10 umsetzen
  Neue Einkommensquellen erschließen
  Regelmäßig mit den Finanzen beschäftigen

- **Bildung/Wissen**
  Medienkonsum reduzieren
  Täglich 10 Seiten eines Fach- oder Sachbuches lesen
  Jeden Tag 30 Minuten Podcast hören
  Hörbücher konsumieren
  2 Seminare pro Jahr besuchen
  Menschen treffen, die sich mit der Zukunft beschäftigen

- **Sinn**
  Abends im Bett darüber nachdenken, was gelungen ist
  Dankbar sein
  Glaubenssätze/Handlungsmuster verbessern
  Anderen Nutzen geben
  Jeden Tag 10 Minuten meditieren
  Jammerer meiden
  Kontakt zu positiv gestimmten Menschen suchen

Name

bitte ausdrucken und handschriftlich ausfüllen

Lebensbereiche	Ziele*			Warum	kleinster Schritt	Beginn	Abschluss
	in 3 Jahren	in 5 Jahren	in 10 Jahren				
Beruf							
Beziehungen							
Gesundheit							
Finanzen							
Bildung/Wissen							
Sinn							

Download des Arbeitsblattes: https://bit.ly/2R0Gvsvs

Übersicht Einnahmen_Ausgaben.xls

Einnahmen	Jan	Febr	März	April	Mai	Juni	Juli	Aug	Sept	Okt	Nov	Dez	Gesamt	pro Mon
Summe der Einnahmen														
Ausgaben														
Summe der Ausgaben														
Differenz														

Download der Datei unter https://bit.ly/33DLDYN

Vorderseite der „roten Karten“:

> **Zünde lieber eine Kerze an, als über die Finsternis zu klagen!**
>
> *(Konfuzius)*

Rückseite der „roten Karten“:

> **Hör auf zu Jammern, zu Meckern oder zu Klagen, denn das alleine hat noch nie etwas verändert und wird auch nie etwas bewegen.**
>
> **Nur durch Dein Tun bringst Du Veränderungen in Gang. Darum akzeptiere, was Du nicht ändern kannst oder ändern willst oder: ändere es!**
>
> **Sei derjenige, der damit beginnt, aber verschone andere mit Jammern, Meckern oder Klagen!**

Download der Druckvorlage: https://bit.ly/2UbjHIs
Wenn Sie möchten, können Sie sich bei mir günstig die gedruckten Karten bestellen.

Die Zitate aus diesem Buch sind als Spiralbuch erhältlich.
ISBN 978-3-96136-083-3

Die nachfolgenden Bücher (Auswahl) können Sie **extrem günstig** erwerben (nur Versandkosten und Handlingspauschale, Buchpreis ca. 5-7 €)

Matthias Aumann *„Nicht schulklug, sondern straßenschlau"* https://bit.ly/2QzgX5w

Christian Bischoff *„Unaufhaltbar"* https://bit.ly/3a8oXSV

Dave Brych *„Kopf schlägt Potenzial"* https://bit.ly/2Uav3g2

Alex Fischer *„Reicher als die Geissens"* https://bit.ly/2WwwXZP

Boris Grundl *„Mach mich glücklich"* https://bit.ly/33zG3qc

Boris Grundl *„Steh auf! Das Ende aller Ausreden"* https://bit.ly/3dt1zl8

Jürgen Höller *„Denken - Handeln - Wohlstand"* https://bit.ly/395Ma6U

Thomas Klussmann *„Erfolg im Blut"* https://bit.ly/2U7d35U

Prof. Dr. Knoblauch *„Die besten Mitarbeiter finden und halten"* https://bit.ly/3dhNc2X

Dirk Kreuter *„Entscheidung Erfolg"* https://bit.ly/2WsWPG2

Jörg Löhr *„Inspire Your Life"* https://bit.ly/2Wvvtz2

Bodo Schäfer *„Der Weg zur finanziellen Freiheit"* https://bit.ly/3akT8pK

Hermann Scherer *„Glückskinder"* https://bit.ly/393CKZu

Auszug aus meiner Bibliothek*:

Vera F. Birkenbihl *„Jeden Tag weniger ärgern!"* https://amzn.to/2J7kXWW

Christian Bischoff *„Willenskraft: Warum Talent gnadenlos überschätzt wird"* https://amzn.to/2QBa6sd

Markus Buckingham *„Entdecken Sie Ihre Stärken jetzt!"* https://amzn.to/33ClzgH

Rhonda Byrne *„The Secret - Das Geheimnis“*
https://amzn.to/2QzEbIB

Jack Canfield *„Kompass für die Seele“*
https://amzn.to/2vDLHLo

Dale Carnegie *„Wie man Freunde gewinnt“*
https://amzn.to/33AfqS1

Rolf Dobelli *„Die Kunst des klaren Denkens“*
https://amzn.to/39bNHIq

Rolf Dobelli *„Die Kunst des klugen Handelns“*
https://amzn.to/2xbfrzR

Timothy Ferriss *„Die 4-Stunden-Woche“*
https://amzn.to/2xbrdtU

Timothy Ferriss *„Tools der Titanen“*
https://amzn.to/3dtnfh0

Napoleon Hill *„Denke nach und werde reich“*
https://amzn.to/3966xko

Calvin Hollywood „Wer will der kann“
https://bit.ly/2RdOYsg

Spencer Johnson *„Die Mäuse-Strategie für Manager - Veränderungen erfolgreich begegnen“* https://amzn.to/3aaOAT5

Daniel Kahnemann *„Schnelles Denken, langsames Denken“*
https://amzn.to/2xZ7nT5

Dirk Kreuter *„Sieger zweifeln nicht! Zweifler siegen nicht!*
https://bit.ly/33LLSRH

Stefan Küthe/Monika Schuch *„Goethe für Manager“*
https://bit.ly/2wqC7Mk

Vishen Lakhiani *„Lebe nach deinen eigenen Regeln“*
https://amzn.to/2QC3JF0

Tom Rath *„Entwickle Deine Stärken“*
https://amzn.to/3dmgzRx

Anthony Robbins *„Grenzenlose Energie - Das PowerPrinzip“*
https://amzn.to/3djX7VG

Anthony Robbins *„Das Robbins Power Prinzip“*
https://amzn.to/3bfnyd9

Bodo Schäfer *„Die Gesetze der Gewinner“*
https://amzn.to/2U7xpvQ

John Strelecky *„Das Café am Rande der Welt: eine Erzählung über den Sinn des Lebens“* https://amzn.to/3aa6q8I

John Strelecky *„The Big Five for Life - Was wirklich zählt im Leben“* https://amzn.to/2Ul7TSU

Brian Tracy *„Küss den Frosch! - Wie Sie jede Angst besiegen und Ihren Erfolg verwirklichen“* https://amzn.to/2Ww26MT

* Diese Links sind sogenannte Affiliate-Links von Amazon. Kommt über einen solchen Link ein Kauf zustande, werde ich mit einer Provision beteiligt, die ich für Spenden verwende. Für Sie entstehen dabei keine Mehrkosten. Wo, wann und wie Sie ein Produkt kaufen, bleibt natürlich Ihnen überlassen.

Diese Podcasts gehören zu meinen Favoriten:

Gedankentanken - jetzt Greator
https://bit.ly/2QDrpce

Richtig Reich - Business & Finance von Sven Lorenz
https://bit.ly/2UsGWge

Vertriebsoffensive von Dirk Kreuter
https://bit.ly/33KKQVR

Bewohnerfrei von Tobias Beck
https://bit.ly/2WBZ0qE

Die Kunst, Dein Ding zu machen von Christian Bischoff
https://bit.ly/2WAPhB2

Digital Beat Call to Action von Thomas Klussmann
https://bit.ly/33EZYnD

Erfolg! Reich! Leben! von Jürgen Höller
https://bit.ly/3dpTfCm

Tony Robbins
https://bit.ly/2J9zxNq

Hier finden Sie preiswerte Seminare für den Anfang. Überlegen Sie nicht lange. Treffen Sie eine Entscheidung und buchen Sie.

Christian Bischoff – *Die Kunst, Dein Ding zu machen*
https://bit.ly/2J0XO8u

Jürgen Höller – *Powerdays*
https://bit.ly/2QPxr9Z

Dirk Kreuter – *Vertriebsoffensive*
https://bit.ly/2Untavj
https://bit.ly/2xedyCt